ÉTUDES

SUR

LE PARIS D'AUTREFOIS

ARTHUR CHRISTIAN

ÉTUDES

SUR

LE PARIS D'AUTREFOIS

ÉCRIVAINS ET MINIATURISTES — LES PRIMITIFS
DE LA PEINTURE
LES ORIGINES DE L'IMPRIMERIE
LA DÉCORATION DU LIVRE

PARIS

<table>
<tr><td>G. ROUSTAN</td><td>CHAMPION</td></tr>
<tr><td>QUAI VOLTAIRE, N° 5</td><td>QUAI VOLTAIRE, N° 9</td></tr>
</table>

MDCCCCV

ÉCRIVAINS
ET MINIATURISTES
LES PRIMITIFS
DE LA PEINTURE

ÉCRIVAINS
ET MINIATURISTES.

LES PRIMITIFS
DE LA PEINTURE.

————

Les origines de la peinture en France sont bien plus anciennes que ne l'ont trop long-temps donné à entendre les écrivains spéciaux. A en croire les uns, notre art national n'aurait débuté qu'avec Simon Vouet & Poussin; d'autres remontaient jusqu'à l'école, d'origine & d'inspiration tout italiennes, de Fontainebleau; les esprits les plus larges & les plus éclairés hasardaient les noms de Jean Cousin & de Clouet : vues étroites qui ont commencé depuis quelques années à faire place à une plus juste appréciation des faits. L'esprit critique, qui se retrouve aujourd'hui à la base de toutes les sciences, a pénétré comme les autres l'histoire de l'art : d'innombrables pièces ont été successivement retrouvées & étudiées, & ce n'est pas

le moindre mérite de mainte exposition rétrospective d'avoir largement contribué à remettre
en lumière les premières phases de notre développement artistique. De cette documentation
féconde est ressorti un fait capital : c'est que
l'école française de peinture existait depuis
longtemps lorsque surgit le grand mouvement,
d'origine exotique, appelé la Renaissance, &
les œuvres qu'elle nous a léguées sont assez
nombreuses pour nous permettre de la reconnaître avec son existence individuelle, d'y relever des nuances & des courants bien caractérisés.

Cet art, au reste, a eu la même fortune
que tous les autres; s'il s'est élevé, en son plein
développement, à une si éclatante perfection,
ses débuts, il est piquant de le constater, ont
été des plus humbles & le rattachent à un
simple métier manuel avec lequel il semble,
à première vue, n'avoir rien de commun. Ce
sont les premiers enlumineurs d'initiales, ces
modestes collaborateurs des copistes de manuscrits, qui ont été, à vrai dire, les prédécesseurs des grands miniaturistes, puis des peintres modernes; ce sont ces antiques praticiens,

produisant obscurément au fond des cloîtres tant d'œuvres parfois plus bizarres que gracieuses, qui sont devenus, après une longue évolution, les créateurs de notre école française. C'est l'histoire de ces transformations successives, en France & même à Paris, que nous nous proposons de retracer dans ses grandes lignes, de siècle en siècle, depuis l'apparition des fragments les plus rudimentaires, transmis par les chartes & les manuscrits, jusqu'à l'épanouissement définitif de la peinture à l'huile.

Les Grecs & les Romains déjà employaient couramment le papyrus & le parchemin pour écrire. Le papyrus, pellicule recueillie sur la tige du roseau d'Égypte[1], était mince & peu

[1] Pline, dans l'*Histoire naturelle*, liv. XIII, ch. xxiii-xxvi, a laissé les détails les plus étendus sur la fabrication du papyrus. Après avoir rejeté l'écorce extérieure, impropre à l'écriture, on partageait avec l'aiguille la tige en feuilles très minces & le plus larges possible. Le papyrus recevait différents noms suivant ses dimensions, qui variaient de *six à treize doigts,* & ses qualités de finesse, de *solidité,* de blancheur & de poli. Étalé en bandes aussi longues que possible sur une table inclinée, il était recouvert d'une seconde couche dans le sens transversal & collé avec l'eau limoneuse du Nil; puis on soumettait le tout à la presse

solide, surtout sous le climat humide de nos régions tempérées ; cependant l'usage en survécut à la chute de l'empire d'Occident [1]. Les

& on le séchait au soleil. Ces bandes étaient réunies en feuilles d'un pied, même d'une coudée de large, au moyen de colle de farine ou de mie de pain bouillie dans l'eau. On l'amincissait alors avec le marteau pour faire disparaître les plis & on le polissait avec un coquillage ou une dent d'ivoire. On ne pouvait y écrire qu'avec le *calame,* d'une écriture large & espacée. « C'est sur ce papier que Tiberius & Caïus Gracchus ont écrit de leur propre main leurs mémoires, dont j'ai vu, environ deux siècles après, l'autographe ; Cicéron, Auguste & Virgile s'en servaient aussi, & nous avons vu nombre de fois leurs manuscrits. »

[1] Les livres sur papyrus étaient roulés autour d'un cylindre, d'où le terme de *volumen,* rouleau. Employé dès la plus haute antiquité par les Égyptiens, puis en Grèce & à Rome, le papyrus était d'usage courant à la cour de Byzance dès le ve siècle. Quant à la chancellerie pontificale, héritière sur ce point comme en bien d'autres de la tradition impériale, elle a exclusivement employé le papyrus pour l'expédition de ses bulles jusqu'à la fin du xe siècle (la Bibliothèque nationale conserve un acte pareil, daté du 23 novembre 999) &, concurremment avec le parchemin, jusqu'au milieu du xie siècle : Léon IX en 1052 & Victor II en 1057 donnèrent encore des bulles sur papyrus. Dans les livres, au contraire, le papyrus devient rare à partir du vi^e siècle : citons comme tels les *Homélies de saint Avit,* manuscrit du vi^e siècle conservé à la Bibliothèque nationale, & où chaque cahier de papyrus est protégé par une double feuille de parchemin ; puis un manuscrit de saint Augustin, en partie à la Bibliothèque de Paris, en partie à celle de Genève.

Arabes, devenus maîtres de l'Égypte, en réduisirent l'exportation, &, au temps de Charlemagne, on n'en voyait presque plus dans notre pays[1].

Restait la matière qui a tenu la première place dans l'histoire du manuscrit, le parchemin fait de peau de bête préparée ou tannée. Répandue en Orient dès une haute antiquité, cette matière, par sa souplesse & sa résistance, était bien supérieure au papyrus : elle ne le supplanta cependant qu'après une longue concurrence pour subsister jusqu'à la fin du moyen âge, & même au delà[2].

[1] Tout comme les papes, les rois de la première race adoptèrent l'usage du papyrus dans leur chancellerie jusqu'à la fin du viie siècle : les Archives nationales ont conservé onze diplômes royaux, de Clotaire II en 625 jusqu'à Clovis III en 692. (Voir LETRONNE, *Chartes & Diplômes de l'époque mérovingienne sur papyrus & sur vélin, etc.*, Paris, 1844, gr. in-fol.; J. TARDIF, *Fac-Similé des Chartes & Diplômes mérovingiens,* Paris, 1866, in-fol.)

[2] Le parchemin, connu assez anciennement en Orient & dans le monde gréco-romain, ne passa, d'une manière authentique & courante, dans l'usage que deux siècles avant notre ère, où Eumène, roi de Pergame, en généralisa définitivement la fabrication en lui donnant le nom même de sa capitale (*pergamenum*). Usité dans l'empire romain dès le 1er siècle, & concurremment avec le papyrus,

Le parchemin ordinaire était de peau de mouton; le vélin, de peau de veau comme son nom l'indique, plus fin & plus blanc, était une matière de luxe, que surpassait encore la peau d'agneau mort-né. Faut-il croire qu'on soit allé plus loin dans la recherche des perfectionnements? Certain manuscrit de la Sorbonne, une bible latine du XIIIe siècle, était de vélin si blanc & si délicat qu'un critique voulut y voir de la peau de femme [1]!

Le parchemin était à son tour devenu une matière rare & dispendieuse, & l'on avait été

pour les notes d'une utilité passagère, dès le IIe siècle il commença à servir aux écrits littéraires &, vers la fin de l'empire, aux approches du Ve siècle, cette affectation est devenue exclusive. Du Ve au XVe siècle, la plupart des manuscrits &, à partir du VIIIe siècle, la plupart des chartes officielles sont sur parchemin.

La consommation croissante du parchemin le rendit fort cher : un principe d'économie, plus pratique qu'élégant, introduisit l'habitude d'écrire sur le *verso* tout comme sur le *recto* (sauf pour les chartes, où de tels cas sont très rares) : ce sont les manuscrits *opisthographes,* ou écrits par derrière; puis on en vint à gratter l'écriture des anciens parchemins pour y tracer de nouveaux textes : ce sont les *palimpsestes.* Ce double cas s'est présenté même pour le papyrus, en dépit de sa fragilité.

[1] Voir FRANKLIN, *Anciennes Bibliothèques de Paris,* t. I, p. 297, note.

amené, pour les manuscrits d'un prix peu élevé, à réduire de plus en plus le format & à multiplier les abréviations pour gagner de la place. Le papier, au xve siècle, devait pallier à ces inconvénients & faire, à son tour, une sérieuse concurrence au parchemin. Connu, comme l'on sait, dès une haute antiquité par les Chinois, le secret de la fabrication du papier devait passer, au viiie siècle, par l'entremise des Tartares, aux Arabes. Son usage est constaté à Byzance au xe siècle, & il est employé couramment dès le xiiie siècle en Sicile, en Italie & dans la France méridionale, surtout pour les registres.

Dès 1130, l'abbé de Cluny, Pierre le Vénérable, mentionne un papier fait de raclures de vieux linge, *ex rasuris veterum pannorum*. Mais ce n'est guère qu'au xive siècle que son usage administratif se répandit dans le nord de la France; au xve siècle, il a une fortune égale à celle du parchemin, mais il reste affecté aux manuscrits peu ornés; le fonds de la Sorbonne contient un grand nombre de tels manuscrits, cours pris par quelques pauvres étudiants de Sorbonne. Il faut pourtant faire exception pour les chroniques du XVe siècle, assez souvent sur papier [1].

Remarquons enfin que les *vergeures* sont les tracés verticales laissées dans le papier par les baguettes de fer qui constituent le fond de la forme; elles sont traversées par d'autres baguettes horizontales, les *pontuseaux*. Vers la fin du XIIIe siècle paraissent les *filigranes,* tracés sur le papier par des ornements en relief soudés sur les vergeures & les pontuseaux; ce sont des marques de fabrique souvent utiles pour fixer la provenance de certains papiers.

La première forme que reçurent le papyrus, puis le parchemin fut celle de rouleaux que le lecteur développait de la main droite à mesure qu'il les refermait de la gauche; serrés dans des armoires, ils étaient répartis dans des ca-

---

[1] Cf. MIDOUX & MATTON, *Étude sur les filigranes des papiers employés en France aux XIVe & XVe siècles,* Paris, 1868, in-8°.; BRIQUET, *Recherches sur les premiers papiers employés en Occident & en Orient du Xe au XIVe siècle* dans les *Mémoires de la Société des antiquaires de France,* t. XLVI (1835). Ce dernier travail établit qu'il n'y a jamais eu, au moyen âge, que du papier de lin, de chanvre, ou du papier de chiffe, fait de chiffons réduits en bouillie, à l'exclusion de tout papier de *coton* à l'état naturel.

siers où chaque *volumen* présentait à son extrémité un *index* désignant le nom de l'auteur & le titre de l'ouvrage. Dès la fin du 1er siècle, le rouleau fit place au *codex* ou manuscrit carré à l'imitation des tablettes de cire; composé de feuilles pliées & assemblées en cahiers[1], le codex, qui a fini par prévaloir au IIIe siècle, a été l'origine du livre moderne. Cette transformation en entraîna immédiatement une seconde, qui explique une des habitudes les plus tenaces du moyen âge : les casiers firent place à des rayons sur lesquels les volumes étaient déposés à plat; de là vient que tant de manuscrits de cette époque portent leur titre sur le plat antérieur qui est seul orné, tandis que le plat opposé est resté nu.

Quels étaient les instruments dont on se servait pour écrire sur ces matières? Saint Jérôme va nous l'apprendre dans une de ses lettres. «Le style [2] écrit sur la cire, le roseau

---

[1] Primitivement de quatre feuilles, d'où le terme de *quaternio,* cahier.

[2] De métal ou d'os; il était terminé à un bout par une pointe, à l'autre par une surface plate pour effacer l'écriture.

sur le papyrus ou le parchemin. » Ce roseau, *calamus,* bien distinct de celui du papyrus, était taillé comme nos plumes d'oie, & sa pointe fendue par le milieu; mais la pointe, peu résistante, s'usait vite. Les Romains y remédièrent en adoptant des *calami* de bronze & surtout des plumes d'oie qui figurent déjà sur les bas-reliefs de la colonne Trajane. Au xive siècle enfin on commença à employer les plumes de fer.

L'encre (*atramentum*), composée, à l'époque romaine, de noir de fumée, de gomme & d'eau, &, dès le iie siècle de notre ère, d'un extrait de noix de galle & de sulfate de fer, s'effaçait avec l'éponge, se grattait avec le canif. Mainte enluminure du moyen âge nous montre le scribe tenant de la main droite sa plume, de la gauche son grattoir, toujours prêt à opérer une rature. Il a souvent près de lui également une éponge pour essuyer l'encre & la pierre ponce (*cumex*) qui servait à polir le parchemin. Cette habitude de gratter, nous l'avons vu, les papyrus aussi bien que les parchemins pour les faire servir une seconde fois, surtout fréquente du vi^e au ixe siècle, a produit des *codices* opisthographes sur papyrus : citons, à la Bibliothèque nationale, un *Saint-Augustin* & un recueil des *Homélies de saint Avit,* en partie à la Bibliothèque de Genève[1].

Les monastères furent, aux premiers siècles de notre ère, les grands, & à vrai dire, les seuls centres de la fabrication du parchemin : le *pergamenarius* préparait aux copistes les feuilles nécessaires. Puis vint l'Université qui, dans sa période la plus prospère, fit aux maisons religieuses une concurrence fort active & sécularisa en partie la production de la précieuse denrée. Sa nombreuse clientèle de régents & d'écoliers en usait beaucoup : de là la nécessité de la fabriquer sur place & d'en réglementer la préparation. Des parcheminiers-jurés, réunis surtout dans la rue de la Parcheminerie, examinaient les peaux, dont ils acceptaient les unes, refusaient les autres. D'abord au nombre de

[1] Voir CHÂTELAIN, *Paléographie des claßiques,* 1ʳᵉ partie, Paris, 1884-1892, in-fol.; OMONT, *Édition de fac-similés des manuscrits grecs des XVᵉ & XVIᵉ siècles,* in-fol.; MONT-FAUCON, *L'Antiquité expliquée,* Paris, 1719-1724, 15 vol. in-fol., t. III; GÉRAUD, *Eßai sur les livres dans l'antiquité,* Paris, 1840; & en particulier DAREMBERG & SAGLIO, *Dictionnaire des Antiquités,* les articles *Calamus, Codex, Diptychus.*

quatorze, réduits à quatre en 1488, ils prêtaient serment entre les mains du recteur, & lui payaient une redevance sur chaque botte de parchemin mise en vente. Au XIII⁰ siècle l'apprêt s'en améliora : si plus d'un fabricant continuait, pour dissimuler les défauts de son parchemin, à l'enduire de blanc d'œuf & de céruse qui empêchaient l'encre ou la couleur d'y mordre, d'autres se bornaient à le polir à la pierre ponce, qui donnait des feuilles blanches & d'un bel aspect.

En même temps que les parcheminiers, l'Université surveillait aussi les marchands de livres, *librarii* ou *stationarii*[1], qui prêtaient serment de mettre en vente loyalement & au prix convenu les manuscrits confiés à leurs soins, & de s'appliquer à avoir toujours des exemplaires corrects. Parfois, simple dépositaire de livres neufs ou de seconde main, le *stationarius* était, en général, éditeur de copies

---

[1] Le mot a passé dans la langue anglaise sous la forme de *stationer,* avec le même sens. — Cf. DELALAIN, *Étude sur le libraire parisien du XIII⁰ au XV⁰ siècle,* Paris, 1891, in-fol., & DENIFLE & CHÂTELAIN, *Cartularium Universitatis Parisiensis.*

qu'il faisait exécuter par de pauvres étudiants
en quête de ressources. De là tant de manuscrits exécutés avec négligence : le recteur faisait bien vérifier la correction des textes jetés
dans la circulation, mais pouvait-il empêcher
le scribe de multiplier les abréviations pour
abréger sa tâche?

Le premier parchemin était encore d'un
jaune safran; les Romains trouvèrent moyen
de le blanchir, de le teindre même en azur,
en pourpre, la couleur préférée des anciens;
& les *librarii* romains paraissent avoir été sur
ce point presque aussi avancés que les décorateurs du moyen âge : la plupart des beaux
manuscrits, au moins jusqu'à la seconde race,
& surtout les volumes liturgiques ont subi
cette préparation. Malheureusement le pourpre
a fini, avec le temps, par tourner au violet, &
l'effet initial a disparu.

L'encre noire, d'autre part, ressortait avec
peine sur le vélin pourpré; on recourut au
cinabre, à l'or & à l'argent, qui se sont ternis.
Enfin les encres verte, rouge, bleue ont surtout servi, dans le cours du moyen âge, à
l'ornementation des initiales.

L'antiquité a encore laissé aux artistes du moyen âge un exemple de plus : celui des peintures. De ses illustrations fort peu ont subsisté dans les bibliothèques, mais quelques-unes, remarquons-le ici, ont été reproduites par des artistes postérieurs. Un Virgile du Vatican nous présente un spécimen de ce mode de décoration qui était sensiblement le même partout. L'auteur en a peint à la gouache des couches successives dont la première forme le fond, la seconde figure les personnages; la troisième, quand il y avait lieu, variait la couleur pour achever la peinture [1]. Procédé bien rudimentaire, dira-t-on; il y a loin, en effet, de ce livre lourdement illustré aux chefs-d'œuvre que nous a laissés le moyen âge, aux beaux manuscrits de l'époque capétienne, qui durent la supériorité de leur décoration à l'union étroite du goût antique avec l'art ornemental des barbares.

Quels étaient les copistes de ces manuscrits? Chez les Romains, de simples esclaves un peu plus adroits, un peu plus lettrés que les autres.

[1] Voir Nolhac, *Les Peintures des manuscrits de Virgile*, Rome, 1884, in-8°.

Le *librarius* (c'était son titre) ne se bornait pas à copier le manuscrit, il le décorait, le collait, le reliait : le livre entier sortait de ses mains. Après les invasions, la culture des lettres, avec les professions connexes, se réfugia dans les cloîtres : les règles monastiques prescrivaient l'exercice de la calligraphie, qui embrassait, avec la copie, l'enluminure & s'élevait à la hauteur d'un véritable art. « Paginam pingat digito, qui terram non proscindit aratro », devint le mot d'ordre général : ou la plume ou la charrue [1].

Que d'attention, quelle longue patience il fallait au pauvre scribe cloîtré pour copier d'un bout à l'autre un volume de quelque étendue ! Voici, par exemple, une bible du XIIIᵉ siècle, d'une petite écriture serrée : en 558 pages à deux colonnes, elle compte 74,000 lignes; nous ne parlons même pas des initiales si finement exécutées en or & en couleur. Aussi, quelle était la joie de l'écrivain

[1] En particulier, dans la règle de saint Colomban en Irlande & celle de saint Benoît en Italie & en Gaule. Les principaux centres de culture furent Fleury-sur-Loire, Corbie, Luxeuil, le Mont-Cassin, Fulda & Saint-Gall.

en posant la plume, & comme il soupirait d'aise, ainsi qu'en témoigne la formule finale de bien des manuscrits : *Explicit feliciter. Deo gratias, amen !* La phrase, parfois, est plus développée & se répand en recommandations à l'adresse des lecteurs : « Faites attention à vos doigts ; ne les posez pas sur mon écriture. Vous ne savez pas ce que c'est que d'écrire : une corvée écrasante qui nous courbe le dos, nous brûle les yeux, nous rompt l'estomac & les côtes. Prie donc, ô mon frère qui lis ce livre, pour le pauvre Raoul, serviteur de Dieu, qui l'a copié tout entier de ses mains. » D'autres, plus positifs, s'écriaient : « Le livre est fini ; qu'on apporte du vin au copiste, & du meilleur ! »

Au ix⁰ siècle, le mouvement se maintint sous l'impulsion d'Alcuin & produisit cette foule de bibles, de missels, d'évangéliaires dont la belle exécution a projeté un tel éclat sur l'art carolingien. C'est dans la partie la plus retirée du monastère, dans le *scriptorium,* que se réunissaient les copistes ; le long des parois s'alignaient les armoires aux rayons garnis de volumes ; le silence devait y régner. « Que l'on

n'y entende, ordonne Alcuin, aucun mot frivole, de peur qu'à son occasion la main ne se
trompe en écrivant. » Les scribes seuls, avec
les principaux dignitaires de la maison, y ont
accès : après une prière d'invocation, ils vont
s'asseoir devant des tables ou des pupitres à
pivot tournant, sur des escabeaux sans dossier
& qui leur infligent d'incessantes courbatures.
Le roseau ou la plume dans une main, le
grattoir dans l'autre, ils écoutent les instruc-
tions du bibliothécaire ou *armarius,* qui dis-
tribue à chacun son travail : tel était l'usage
à l'abbaye de Saint-Victor de Paris. Tantôt il
donne à chacun un manuscrit différent, tantôt
il dicte à tous le même texte, pour reproduire
à bref délai plusieurs exemplaires d'un seul
ouvrage.

Le scribe, une fois au bout de sa tâche,
reste à collationner la copie sur l'original. Depuis Charlemagne, les ouvrages importants ne
furent remis aux lecteurs qu'après une revision
sévère, & la plupart des grandes abbayes possédaient à cet effet des clercs capables.

Le clergé séculier apportait beaucoup moins
de zèle à cette tâche. Seules, de puissantes

maisons, la Sorbonne, Notre-Dame avaient le moyen d'entretenir des scriptoria. Plusieurs collèges réunirent des collections de livres en faveur de leurs écoliers trop pauvres pour en acheter eux-mêmes. Ainsi fit le collège de Sorbonne dont la bibliothèque, une des plus réputées du moyen âge, possédait, dès 1338, un fond de 1,720 volumes, soit par ses propres copies, soit par des achats & des donations. Bien plus encore, les rois, & tout le premier Charlemagne, encouragèrent ces efforts. Charles le Chauve fit exécuter pour son compte nombre de manuscrits de luxe [1]. Louis IX conçut le premier l'idée d'une bibliothèque royale, qu'il rapporta d'un voyage en Orient. Ayant appris, au dire de Geoffroi de Beaulieu, son confesseur, qu'un prince musulman avait constitué une bibliothèque à l'usage des lettrés du pays, il résolut d'imiter cette institution & y consacra une chambre au palais de la Cité. Il venait lui-même y lire, y admettait les clercs & les laïques instruits, &

[1] Voir, à ce sujet, De Bastard, *Peintures & Ornements des manuscrits*, 8 vol., Paris, 1835-1878, gr. in-fol., t. VII; *Bible pour Charles le Chauve.*

« faisait copier des livres plutôt que d'acheter ceux qui étaient tout faits : c'est le moyen, disait-il, d'augmenter le nombre des bons livres ». Nous ne connaissons guère les copistes employés par Louis IX & sa mère : seul, un compte de la reine Blanche pour l'année 1241 nomme Gui Le Coq, scribe d'Orléans, chargé de copier un psautier. Plusieurs volumes ayant appartenu au bon roi nous sont parvenus, notamment un psautier de la Bibliothèque nationale, qui est un remarquable monument de l'art calligraphique au XIII° siècle. Charles V suivit l'exemple de saint Louis en formant la bibliothèque du Louvre [1]; mais ses calligraphes, Henri Du Trévou, Henri Luillier, Raoulet d'Orléans, étaient des copistes indépendants en même temps que des libraires vendant pour leur compte : l'un d'eux, Luillier, qui possédait, rue Neuve-Nostre-Dame, la maison à l'enseigne de l'*Ecu de France,* copia pour son maître le traité *Du gouvernement des Princes.* Nous pouvons nommer encore Jehan Le Noir & sa

[1] DELISLE, *Cabinet des manuscrits de la Bibliothèque nationale,* Paris, 1868-1881, 3 vol. in-4° avec un atlas de cinquante planches.

fille Bourgot, enlumineur & *enluminereße* de livres, qui passèrent du service de la comtesse de Bar à celui du roi Jehan & du régent Charles, & reçurent, en 1358, de ce dernier, une maison sise rue Troussevache; puis Jehan Flamel, frère du fameux Nicolas; Jaquemin Gringonneur, qui, plus tard, peignit des cartes à jouer pour le pauvre Charles VI en délire, & d'autres. La guerre de Cent ans, si peu propice, semble-t-il, à la culture des lettres, fut précisément l'époque où plusieurs princes du sang commencèrent à manifester leur goût pour les livres. Tout comme Charles V, son frère, le duc Jean de Berry, passionné pour les belles choses, livres, meubles, édifices luxueux, est resté le type, à cette époque reculée, du parfait colleƈtionneur. Il avait commandé beaucoup de ses manuscrits aux meilleurs ar-tistes du temps; on les reconnaît encore aux encadrements, portant les armes du duc, à son chiffre V & E entrelacés, & à sa devise : *Le temps venra,* accompagnée de ses animaux héraldiques, l'ours & le cygne. Il avait, à en juger par les inventaires de l'époque, une réelle prédileƈtion pour les livres de piété, heures, psautiers; il posséda ainsi le *Bréviaire de Belleville,* beau spécimen de l'art français contemporain, qui avait appartenu avant lui à Jeanne de Clisson, mère du connétable; puis les *Très riches Heures* [1], aujourd'hui au musée de Chantilly; la magnifique illustration qu'en avait commencée vers 1411 le Flamand Pol de Limbourg fut achevée, à la fin du même siècle & avec bien moins de succès, par d'autres miniaturistes [2].

Les copistes alors, à la différence des illustrateurs, avaient encore l'habitude de signer leur travail & les écrivains laïques se multipliaient : les règlements de l'abbaye de Saint-Victor font allusion à des gens de cette sorte qui venaient y travailler à gages sous la surveillance du bibliothécaire. Au XIVe siècle, les clercs capables de copier avec soin un texte ancien devenaient moins nombreux, & seules quelques maisons de premier ordre, Saint-Denis, Saint-Germain-des-Prés, formaient d'honorables exceptions. Mais, plus encore

[1] C'est la désignation dont se servent les inventaires contemporains.
[2] Reproduite par M. P. Durrieu.

que les fils de saint Benoît, les ordres men-
diants s'adonnèrent avec zèle à la copie des
manuscrits; leur écriture nette & lisible, leur
texte correct, bien que dénué de tout ornement, les recommandèrent à l'attention générale. En 1324, c'est un Dominicain de Paris
qui fut chargé de copier des livres d'église
pour des religieuses de l'Artois.

Le scribe, en exécutant son manuscrit, laissait en blanc la place des initiales ornées & des
grands sujets que peignait ensuite l'illustrateur.
Ainsi fit Oudin de Carvanay qui travailla
pour Charles V & Charles VI : un manuscrit
français transcrit de sa main en 1393 porte
une note qui nous permet de saisir la répartition du travail entre scribe & décorateur :
« Remiet, ne faites rien cy, car je y feray une
figure qui y doibt estre », mande le premier
à son collaborateur. Le miniaturiste n'était
même pas tenu de lire au préalable le texte
à illustrer : ainsi s'explique la trop fréquente
banalité des peintures du xiiie siècle.

Quel fut, dès ce temps-là, le salaire des
copistes ? Les religieux ne travaillaient pas à
gages; pour les laïques, les comptes royaux &

privés pourraient, seuls, nous répondre; malheureusement, l'usage de confondre dans le même article les fournitures accessoires du scribe leur ôte la précision désirable. Nous en sommes réduits ainsi à des exemples peu concluants. Un enlumineur au service du roi Jean le Bon, Jehan Suzanne, touchait 2 s. p. par jour, plus 100 s. par an pour ses robes. François Ier donna à Robert Testart, son valet de chambre & enlumineur, un traitement annuel de 100 l. Les travaux purement temporaires étaient les plus médiocrement rétribués. En 1399, Pierre le Portier, « escrivain de lettre de fourme », reçut 4 l. 8 s. p. pour un recueil des *Cent ballades.* La reine Isabeau paya 10 l. 10 s. à l'illustrateur parisien Jehan de Jouy pour avoir orné un livre d'Heures; à Robin de Fontaines, 54 s. pour décoration d'un livre de piété contenant un calendrier & quelques prières. Louis XI n'accorda que 9 l. t. au libraire de l'Université, Pasquier Bonhomme, pour avoir ajouté quelques lettres & histoires à deux beaux manuscrits confisqués sur le cardinal La Balue. Anne de Bretagne paya 153 l. 3 s. 3 d. au célèbre Jean Poyet pour un livre d'Heures contenant 23 riches histoires, 271 vignettes & 1,500 versets; & en 1502, le cardinal d'Amboise, 316 l. (valant aujourd'hui 1,728 fr.) pour un exemplaire illustré de la *Fleur des histoires*. Les églises étaient encore moins généreuses que les laïques : en 1525, le prieur de Sainte-Croix-de-la-Bretonnerie ne donna que 6 l. 3 s. 7 d. à Nicole Courtin pour un graduel & un lectionnaire. Un fait reste hors de doute, c'est que le salaire des copistes alla toujours en diminuant & que l'apparition de l'imprimerie contribua encore à l'abaisser.

La recherche d'une écriture soignée devait aboutir, en dernier ressort, à la décoration même du manuscrit. On commença par renforcer les initiales, on finit par exécuter de véritables tableaux. Cet art charmant, qui se confond à ses débuts avec l'écriture & aboutit dans sa dernière période à la grande peinture, c'est celui que les générations passées ont désigné sous le terme d'*enluminure* (*illuminare*), qui évoquait l'éclat du parchemin étincelant sous les vives couleurs : c'en est, à proprement parler, le nom originaire. Avec le temps, il est vrai, l'usage lui a substitué celui de *miniature,* bien que ce dernier ne désigne au fond (le mot l'indique) que l'application du *minium* sur certaines parties de l'écriture. La miniature, telle qu'on l'entend de nos jours, est issue graduellement de la lettrine avec laquelle elle a fait corps longtemps & jusqu'au jour où le sujet, dépassant le cadre trop étroit des initiales, revendiqua hors du texte une place à part.

Bien que l'ancienne Grèce ne nous ait guère laissé de manuscrits ornés, encore sont-ce les Grecs qui apprirent aux Romains l'art de les illustrer : le premier artiste que nous trouvons en ce genre fut une femme, Lala de Cyzique, au 1er siècle avant notre ère. Quantité de beaux livres furent décorés de peintures historiques, de vignettes encadrant les pages comme les rameaux d'une vigne, & d'initiales en couleur. La Bibliothèque nationale conserve un Térence du iiie siècle dont les dessins à la plume représentent des personnages de comédie, revêtus de leur tenue & de leur masque professionnels. Les bibliothèques étrangères

surtout possèdent quelques manuscrits antiques; le Vatican s'enorgueillit d'un livre latin
aussi réputé par ses peintures que par son
exceptionnelle ancienneté, puisqu'il remonte
environ au vᵉ siècle. Ce bel ouvrage, que
Paris peut, en quelque mesure, revendiquer
comme sien par le privilège du voisinage, ap-
partint longtemps à l'abbaye de Saint-Denis,
& passa, on ne sait dans quelles circonstances,
dans la grande bibliothèque du Saint-Siège.
Le texte, en belle capitale, est accompagné
de miniatures médiocres sans doute, mais qui
sont visiblement des copies de modèles plus
anciens : c'est l'appréciation des juges les
plus autorisés, fondée sur le dessin, la forme
des édifices, des vaisseaux, des coiffures &
autres objets usuels.

Les envahisseurs germaniques portèrent le
coup de mort aux lettres & aux arts antiques :
sous leur surface de barbarie, ils cachaient en
ce domaine des conceptions & une tendance
bien différentes, qui pénétrèrent graduellement
dans l'ornementation des manuscrits; la fusion
de ces deux courants aboutit plus tard à la
création du style carolingien, & les moines, au

fond de leurs cloîtres, furent les instruments de cette grande rénovation intellectuelle : ce sont eux qui arrachèrent alors la civilisation à un naufrage définitif. La nouvelle génération apportait à son dessin une main lourde & inexpérimentée, mais elle communiqua à l'art desséché & mort de l'antiquité un principe nouveau dont allait sortir un peu plus tard le style roman. C'est l'étude des manuscrits à l'époque mérovingienne & de leur évolution ornementale [1] qui nous permettra de suivre les progrès de la lutte entre la civilisation & la barbarie.

L'époque mérovingienne ouvre une phase de *symbolisme hiératique* qui se prolonge jusqu'au milieu du XIIIe siècle. Au début, l'homme d'église, prêtre ou moine, est seul encore à peindre sur parchemin, & toujours des livres d'office à l'usage du clergé; son œuvre, qui s'adresse plus à l'esprit qu'aux yeux, multiplie les types de convention, les emblèmes traditionnels intelligibles avant tout à une société

---

[1] BASTARD, ouvrage cité; SILVESTRE, *Paléographie universelle*, 4 vol. in-fol., Paris, 1839-1841; DELISLE, *Mélanges de paléographie*, avec atlas, Paris, 1880.

familiarisée avec l'Écriture sainte & son interprétation la plus orthodoxe. C'est ainsi que la crucifixion n'est figurée que suivant son sens mystique : le sang du Rédempteur coule dans un calice tenu par une femme qui représente l'Église recueillant les fruits de la Passion divine. Presque plus de dessin ni de figure : ils ont disparu avec les procédés des anciennes écoles. L'initiale, dépourvue d'ornement, se distingue à peine des autres lettres. Au viie siècle apparaissent des initiales formant non plus seulement des traits de fantaisie, mais des lignes empruntées à des corps d'animaux, de poissons; les jambages deviennent ajourés, renferment des nœuds, des spirales, des entrelacs que reproduiront plus tard les enlumineurs. En même temps, les calligraphes commencent, leurs initiales une fois tracées à la plume, à les colorier de rouge, de vert; la peinture reparaît dans les livres. Aux initiales coloriées se joignent des rosaces, des bandeaux, bientôt des essais encore rudimentaires de figure humaine.

Au viiie siècle, nouveau progrès : la figure humaine acquiert des contours plus nets, & les animaux apportent plus de souplesse dans les courbures. Charlemagne provoque une rénovation de l'art calligraphique & de l'enluminure qui n'en est encore que le complément; & les Gaules, longtemps inférieures à la Grande-Bretagne dans le domaine de l'ornementation, s'élancent d'un coup au premier rang. Des archéologues tels que Du Sommerard sont allés jusqu'à admettre, sans preuve suffisante, la création, dans le vieux palais des Thermes, d'une école de miniaturistes; du moins semble-t-il bien que Paris & la région environnante prirent une grande part à cet épanouissement artistique. L'art carolingien produit alors des œuvres telles que les *Heures* de Charlemagne, aujourd'hui au Louvre, & une *Bible* de Charles le Chauve, à la Bibliothèque nationale. Les *Heures* de Charlemagne, exécutées sur l'ordre de ce prince par le moine Godescalc qui y consacra sept années de travail, nous offrent un spécimen du symbolisme dans l'art de ce temps. Six peintures représentent les quatre évangélistes, le Christ & la source d'eau de la vie; cette dernière est figurée par une sorte de kiosque à colonnes surmonté d'une croix, & abritant la source où viennent se désaltérer les animaux les plus variés, cerfs, coqs, paons, canards, etc.

L'art carolingien montre bien encore des initiales formées par le corps humain, ou des animaux rouges, violets, jaunes, verts. Mais les proportions en augmentent, rampent le long des marges & ont une tendance marquée à encadrer la page de chaînes, de bandeaux & d'entrelacs, de portiques en or ou en couleur. Mais voici le progrès le plus fécond & qui l'emporte sur tout autre : la figure dessinée n'est plus restreinte aux linéaments de la lettre pour en composer le corps, elle prend place dans la panse ou l'intervalle des jambages, & s'y développe librement; dès que l'initiale s'agrandit, cette figure représente les scènes les plus variées. Voici un recueil liturgique qui a appartenu à un bâtard de Charlemagne, Drogon, évêque de Metz au commencement du ixᵉ siècle. Un grand O initial encadre la scène symbolique de la Rédemption; d'autres initiales contiennent des scènes plus compliquées : le martyre d'Étienne en vue des murs de Jérusalem & du temple; la Nativité; plus loin, des femmes lavant le nouveau-né, sa présentation au prêtre, la Tentation au désert, la Résurrection & l'Ascension. Enfin, un grand D encadre un type anticipé de la *Vierge à la chaise,* qu'il n'est pas sans intérêt de comparer avec l'œuvre de Raphaël.

Un T initial, qui par lui-même symbolise la croix, porte à chacun de ses bras un médaillon contenant, d'un côté, un jeune homme, Abel, prototype de Jésus-Christ; de l'autre côté, un homme reconnaissable à son attitude comme étant Jean-Baptiste; au centre, un troisième médaillon contient Melchisédech, autre prototype du Christ. Cette scène est le modèle achevé du symbolisme; dès cette époque le sujet historique, qui couvre presque une page entière sans franchir les limites de l'initiale, atteint son plein développement.

Il n'y a plus qu'un pas à faire pour atteindre au tableau pur & simple, & déjà nous rencontrons quelques figures dégagées de leur cadre ordinaire. On a même voulu reconnaître dans le nombre quelques portraits : le portrait cependant ne paraît pas encore, & les peintures isolées, qui se généraliseront plus tard, ne s'appliquent encore qu'à des personnalités d'ordre supérieur, le Christ & les apôtres, ou un souverain.

Les animaux, peu nombreux, sont moins du domaine de la nature que de la fantaisie. Les motifs d'architecture & le feuillage sont également conventionnels; enfin le paysage fait défaut. Mais l'ignorance du dessin est compensée par la vivacité du coloris & la profusion de l'or.

La troisième race inaugure la période romane. Nos décorateurs de manuscrits, sans adopter un art absolument nouveau, s'attachent dès lors à perfectionner, en la rajeunissant, l'œuvre de leurs prédécesseurs. Toujours inspirés par la Bible, ils continuent à l'interpréter dans un sens symbolique; mais le dessin des figures comme de l'ornementation s'améliore, l'imitation de la nature se trahit çà & là avec succès, & le sujet indépendant de l'initiale, la miniature, devient plus fréquent.

Les initiales démesurées, à hauteur de page, sont plus en faveur que jamais; la décoration,

en peine de remplir ces vastes panses, se com-
plique & devient plus chargée. Rosaces & chapiteaux dans le style de la nouvelle architecture
s'y glissent; le peintre se sent porté à reproduire
les objets qui l'entourent : en un mot, nous
saisissons sur le fait l'éveil d'une tendance naturaliste. Les animaux, ours, renards, paons,
singes, encadrés dans la panse des initiales
romanes ou perchés sur leurs jambages, deviennent plus vivants, se présentent mieux
campés. Et si l'élément fantastique domine encore dans les figures d'hommes & d'animaux,
engendrant les grotesques fouillis de serpents
à deux têtes, de dragons & de chimères grima-
çants, s'enlaçant, vomissant des feuillages, la
représentation humaine tend à se rapprocher
de son modèle normal. Les scènes religieuses,
bien que traitées encore dans le goût hiératique
du symbolisme carolingien, révèlent, par
quelque originalité dans l'attitude comme dans
la physionomie, la recherche de la vérité. Un
symptôme de naturalisme se manifeste encore
dans certains détails du mobilier ou du costume, & dans les sujets toujours plus nombreux
qui représentent un auteur ou un copiste écri-

vant son livre, l'offrant à Dieu ou à la Vierge, à quelque protecteur haut placé. L'un des premiers dans ce cas fut Heldric, moine de Saint-Germain-des-Prés au xe ou xie siècle, qui s'est peint à genoux devant le fondateur de son abbaye.

Résumons-nous : la période romane est encore une phase de tâtonnement où l'enlumineur cherche sa voie; mais il a atteint déjà un niveau tel que les livres sont désormais d'un prix fort élevé. Une bible de la Bibliothèque nationale ne contient pas moins de 5,122 sujets, dont la valeur seule, sans les frais de parchemin & de copie, a été estimée à 82,000 francs. Portés à ce prix, les manuscrits représentaient de véritables fortunes, qu'on pouvait échanger ou remettre en gage comme des immeubles; mais ils provoquaient l'opposition de plus d'un religieux contre « la superbe des livres », censurée comme un vice. Fut-ce le sentiment de la Sorbonne naissante? Le fait est que tous les manuscrits provenant de sa bibliothèque sont dénués d'ornements.

Vers la fin du règne de Louis IX, la société,

les arts, les lettres commencent à se séculariser,
& des corporations laïques de calligraphes-enlu-
mineurs sont en voie de formation. En spécia-
lisant leur profession à un degré que ne purent
jamais atteindre les religieux asservis par leur
règle, ils étendent le domaine de la miniature
qui envahit jusqu'aux traités de science. Dès
lors l'artiste s'adresse à une classe de gens plus
réalistes, & dont il faut frapper les yeux. Ici le
langage symbolique n'est plus de mise : il faut
renoncer aux types & aux costumes du temps
passé, & représenter les personnages sous les
traits & le vêtement de l'époque présente, dans
le milieu même auquel le public est habitué.
Si ce n'est plus la convention, ce n'est pas
encore la couleur locale ; la transformation ne
s'accomplit pas en un jour, & le symbolisme
ne recule que lentement. Le trait distinctif de
cette évolution est la recherche du réel : dédai-
gnant ces figures figées dans une immobilité
traditionnelle, l'auteur s'applique à copier la
nature, à figurer les faits de l'histoire ou de
la vie courante ; son œuvre y puise une vie
inconnue jusqu'alors & devient plus humaine,
plus intelligible, plus conforme aux concep-

tions modernes. C'est la phase *naturaliste,* qui s'ouvre à la fin du temps de saint Louis, atteint son point culminant au xve siècle & se poursuit jusqu'au xvie, où la miniature fait place à la grande peinture. C'est l'âge d'or de la miniature; ses œuvres, au lieu de simples dessins au trait, comportent le modelé; au lieu de coloris en teintes plates, une véritable peinture où le pinceau remplace la plume. Il y a plus encore : la miniature échappe désormais à l'étreinte de l'initiale; si cette dernière encadre encore des figures & des scènes, les sujets indépendants l'emportent par le nombre comme par la valeur.

Le début de cette nouvelle phase, nous l'avons dit, remonte au milieu du xiiie siècle; de fait les illustrations des premières années de saint Louis contrastent singulièrement avec celles de la fin du règne. Le *Psautier de saint Louis,* conservé à la Bibliothèque de l'Arsenal, est encore tout pénétré par l'esprit hiératique des deux premières races; le *Credo de Joinville,* exécuté après la période des croisades, en 1287, se rattache, lui, par ses essais de portraits, à la nouvelle école.

Si, jusqu'à cette époque, les personnages gardent dans les illustrations des formes grêles & allongées, on est forcé d'y admirer la beauté & la pureté du coloris : l'or se détache sur des fonds d'un bleu dont la fraîcheur n'a rien perdu à travers les siècles. Dans le psautier que nous venons de rappeler, le monument peut-être le plus exact de l'état de la peinture à cette date, nous ne comptons pas moins de soixante-dix-huit miniatures à toute page, empruntées au texte de l'Ancien Testament; les têtes, en dépit de leur petitesse, ne manquent pas d'expression; les ornements, chimères ou détails d'architecture ont une grâce extrême, & l'éclat des couleurs, le relief des fonds d'or ont gardé toute leur vivacité première [1].

[1] Au reste, une remarque générale s'impose à nous : c'est l'incontestable supériorité artistique des manuscrits d'église sur ceux d'un caractère purement séculier. La raison en est fort simple : jusqu'au XIIIe siècle, les églises seules avaient les ressources nécessaires pour payer les meilleurs artistes. Les seigneurs, absorbés par leurs luttes féodales, n'avaient ni argent, ni loisirs, ni la culture voulue pour favoriser les travaux d'art. Les moines, eux, croyaient faire œuvre pie en exécutant pour leur maison de magnifiques livres à miniatures; en échange de leur seul entretien, ils consacraient sans hâte leur vie à une tâche obscure.

L'art gothique, qui subsiste jusque vers 1480, marque une période de progrès général, & la miniature atteint graduellement une délicatesse admirable jusqu'à Jehan Fouquet, qui brille à la tête de l'école française. Elle l'emporte sur ses rivales à l'extérieur, moins par l'imagination que par l'entente de la composition, le bon goût, la clarté dans le coloris comme dans le dessin. L'Italie elle-même rend

La même raison explique l'absence, dans la plupart de ces livres, des noms des artistes qui y avaient collaboré; s'ils étaient religieux, l'humilité leur commandait l'anonymat; s'ils étaient laïques, leur condition de domesticité comme «varlet de chambre», huissier ou secrétaire auprès de quelque seigneur ne leur permettait pas de s'émanciper jusqu'à mettre leur nom en vue. Une seule exception peut-être est à relever : celle d'une bible latine conservée à la Bibliothèque nationale, & dont tous les auteurs sont connus. Le livre se termine par la souscription en grandes lettres du copiste : *Explicit textus Bibliae. Robertus de Billyng me fecit. Amen.* Jusque-là rien de surprenant. Mais les interlignes de la signature contiennent quelques traits au minium qui, à première vue, paraissent sans conséquence; regardés de plus près, ils prennent un corps & constituent une triple signature de miniaturistes qui se déchiffre ainsi : *Jehan Pucelle, Ancian de Cens, Jaquet Maci il hont enluminé ce livre ci. Ceste lingne de vermeillon que vous véez fu escrite en l'an de grace mil CCC & XXVII, en jneudi darrenier jonr d'avril.* — Ce sont trois noms à ajouter à notre histoire artistique du xive siècle.

hommage à la supériorité des artistes parisiens, que salue Dante dans le xie chant du *Purgatoire* :

l'onor di quell' arte
Ch' alluminare é chiamata in Parisi.

Le nom même de l'enluminure était donc d'origine parisienne, consacrant sa prééminence sur les écoles étrangères & l'attrait, parfois déréglé, qu'elle pouvait exercer sur certains esprits. Le jurisconsulte Odofrède, qui se plaisait à égayer de bons mots ses commentaires juridiques, rapporte l'anecdote suivante : « Un Italien laisse à son fils le choix d'aller étudier à Paris ou à Bologne avec une pension annuelle de 100 l.; le fils choisit Paris. Là il fait *embabouiner* (*babuinare*) ses manuscrits de lettres d'or & se fait chausser de neuf tous les samedis : bref il se ruine » [1].

L'initiale, depuis cette époque, tend à perdre de son importance; certes, elle subsiste, enfermant dans ses lignes un ornement ou une figure qui emprunte à l'imitation de la réalité

[1] *Histoire littéraire de la France*, t. XXIV, p. 285.

un prix nouveau. Les lettres historiées, si elles
sont petites, encadrent des figures d'une singulière finesse; si elles sont grandes, de véritables tableaux. Dès le xiiiᵉ siècle, un psautier
de l'abbaye de Cuissy nous présente, encadrés
dans douze initiales, d'environ 2 centimètres
carrés, les travaux ou plaisirs des douze mois,
sujet bien réaliste qui deviendra la règle dans
les calendriers placés en tête des livres d'Heures.
Les grandes initiales renferment des scènes très
étendues de chasses, de chiens poursuivant des
lièvres, de renards combattant entre eux, ou
des cérémonies religieuses. Qu'on veuille bien
ouvrir l'*Évangéliaire* de la Sainte-Chapelle :
une seule lettre renferme les six jours de la
création, le repos du septième, &, dominant
le tout, la crucifixion.

Le xvᵉ siècle amène l'émancipation complète
des miniatures qui deviennent de petits tableaux
en tête du texte. Parlons d'abord du portrait
qui, par son origine, ne remonte guère au delà
du xivᵉ siècle & garde encore le caractère d'un
hommage à un personnage de haut rang, à
une tête couronnée, ou de la piété filiale en-

vers quelque ascendant. Toutes les figures de date antérieure n'étaient guère que des types génériques; pour atteindre à la ressemblance, l'artiste est obligé de faire poser son modèle devant lui. A cette époque, il suffit d'un regard pour s'en rendre compte, la plupart des figures sont déjà copiées sur nature : avec quel succès, il est difficile d'en juger; mais l'expression qu'elles reflètent témoigne du moins que ce ne sont pas des images de fantaisie. La plus ancienne représentation qui nous soit parvenue de saint Louis est encore raide & gauche, mais le costume en est fidèle, la draperie traitée avec soin, & les traits semblent empruntés à une source authentique. Le même type, en effet, se retrouve dans diverses représentations presque contemporaines, notamment dans la miniature d'un manuscrit des *Chroniques de Saint-Denis,* conservé à la Bibliothèque Sainte-Geneviève. Le roi s'y montre âgé, la barbe & les cheveux gris sont toujours coupés de même. Le port de la barbe n'étant pas usuel à cette époque, ce n'est pas l'influence d'une mode qui a guidé la main de l'artiste : saint Louis, apparemment, avait commencé vers la fin de sa vie à porter la barbe; autrement une telle inexactitude eût choqué les personnes qui se souvenaient encore d'avoir vu le roi.

La première œuvre réellement authentique de ce temps est un portrait du roi Jean, découvert au xviie siècle par le collectionneur Gaignières dans un château de province, aujourd'hui au Cabinet des Estampes de la Bibliothèque nationale [1]. Il faut sans nul doute

[1] C'est un portrait en profil & de grandeur naturelle que Montfaucon, le premier, dans ses *Monuments de la monarchie française,* nous décrit comme un «buste du roi Jean tiré des tableaux de M. Gaignières, peint dans le temps même». D'où vint-il dans les mains de la famille chez qui l'avait trouvé le célèbre amateur? Fut-il renvoyé en France avec le mobilier du roi, offert par celui-ci à quelque visiteur, ou racheté comme souvenir de famille par le duc Charles d'Orléans, dont on connaît le zèle à recueillir toutes les épaves provenant du royal prisonnier? On pourrait le croire. En 1821, le bibliographe Dibdin le décrivait ainsi dans son *Voyage en France :* «L'original a souffert en quelques endroits, surtout à la joue & au-dessus de l'œil où la couleur est tombée. Il a été exécuté avec une sorte de couleur épaisse sur toile fine. Le fond est en or mat, actuellement tout à fait terni; il est entouré d'une sorte de bordure pointillée, comme on en voit à cette époque. Quant à la première couche sur laquelle l'or a été appliqué, ce n'était, semble-t-il, que du blanc d'œuf ou quelque matière gélatineuse.»

y voir l'œuvre d'un miniaturiste habitué à un cadre plus restreint & qui se trouvait embarrassé de faire aussi grand; mais la pureté du dessin, en dépit des altérations qui ont atteint le coloris, laisse déjà pressentir les hauteurs auxquelles l'art va atteindre. Cet artiste, éminemment consciencieux, épris du désir d'être vrai, qui était-il? Question souvent posée, & sur laquelle nous reviendrons en étudiant Girard d'Orléans.

Les portraits de Charles V, en tête de diverses chartes & des deux manuscrits que lui avaient offerts Raoul de Presles & Jean Vaudetar, révèlent un art bien plus avancé. La bible offerte par ce dernier au roi en 1372, & conservée aujourd'hui à La Haye, s'ouvre par une grande miniature de Jean de Bruges, qui fut au service de la cour de 1368 à 1381. D'une authenticité indiscutable, elle représente le roi assis sous un dais fleurdelisé pour recevoir le volume des mains de Vaudetar agenouillé. Le sol est recouvert d'un tapis ou d'une mosaïque à carreaux noirs, blancs & verts. L'exécution générale est lourde & malhabile, mais trahit un certain effort pour rendre la nature, & le portrait de Charles V, avec son nez démesuré, semble bien pris sur le vif.

Puis les portraits de contemporains sur vélin se multiplient. Le duc de Berry se fit peindre dans ses *Heures* sous divers aspects, & tous ses traits, profil, barbe clairsemée, bouche saillante aux lèvres épaisses, accusent sa ressemblance avec son père.

Citons enfin une précieuse aquarelle de 1415, conservée à la Bibliothèque nationale, & qui nous a transmis les traits du roi de Sicile, Louis II : œuvre incontestable d'un miniaturiste, d'une exécution sans doute insuffisante, mais, par la vérité qui y règne, une pièce capitale pour l'histoire du portrait en France.

La peinture du corps humain n'est pas, à beaucoup près, aussi réussie que la tête : les proportions sont défectueuses & le nu est mal rendu; c'est que le peintre, au xive siècle, ne s'y essaye qu'autant que son sujet l'exige, mais sans songer à étudier la nature. Trouvant plus de facilité à prendre modèle sur les enfants que sur les adultes qui ne posaient que vêtus, il se montre longtemps dans un état d'infériorité sur ce terrain.

La peinture d'histoire, qui s'applique à figurer, pour l'œil du spectateur, les faits développés par le texte qui l'accompagne, emprunte ses épisodes, dans la période gothique, non plus seulement à la Bible, mais à l'histoire profane, même contemporaine, à la littérature, à la vie privée. L'élément symbolique, plus largement conçu, fait place, dans une mesure croissante, à l'élément réaliste : voyez le *Psautier de saint Louis,* où Abraham se présente en chevalier du moyen âge, & la femme de Putiphar dans la tenue d'une grande dame de l'époque. Les scènes ne sont pas dénuées de vie, mais quelle différence dans l'exécution que font des mêmes sujets, un siècle & demi plus tard, les artistes du temps de Charles VI! Un vif sentiment de la nature s'ajoute ici au sentiment religieux, prêtant aux figures un caractère des plus remarquables.

La gradation est la même dans les scènes hagiographiques. Dès 1250, où domine encore l'influence hiératique, un manuscrit de l'ab-

baye de Saint-Denis développe en une suite
de trente tableaux la légende de son patron &
la fondation du monastère. Un autre volume
expose en cinq tableaux l'institution de l'abbaye de Saint-Martin-des-Champs : on voit
le roi Philippe Ier confirmer la fondation de la
maison ouverte par Henri Ier. Ce sont de
petits tableaux bien raides encore & naïfs;
puis l'hagiographie inspire de véritables tableaux de mœurs contemporaines où l'artiste
introduit ses meubles, son entourage & ses
sites favoris.

Cette époque connaît également les sujets
de genre, au premier rang desquels se placent
les scènes de *présentation* : l'auteur, en général
agenouillé, fait hommage de son livre à
quelque puissant protecteur qui le reçoit assis
sur un trône ou une *chaière* : excellente matière
à portrait & à quelque scène de la vie privée.
Non moins intéressants sont les petits tableaux
qui symbolisent les douze mois de l'année
dans les calendriers placés en tête des livres
d'heures : scènes essentiellement naturalistes
qui peignent les travaux ou les plaisirs propres
à chaque mois. Dans la seconde moitié du

xv⁰ siècle & sous le pinceau d'un artiste de race, ces sujets deviendront de petits chefs-d'œuvre de réalisme, de finesse & de vie.

Les princes & les grands seigneurs se disputaient les beaux livres d'heures : le duc Jean de Berry surtout fit exécuter de magnifiques volumes par Jacquemart de Hesdin, par André Beauneveu, par Pol de Limbourg dont le chef-d'œuvre, aujourd'hui au musée de Chantilly, marque le point culminant de la peinture au moyen âge.

Le paysage, enfin, se glisse dans la miniature dès la fin du xiv⁰ siècle. Il est d'abord bien rudimentaire : peu ou pas de perspective, des arbres quasi fantastiques; mais l'intention y est, l'expérience ne tardera pas à suivre. Dans les encadrements, feuillage & fleurs ont changé d'aspect : c'est désormais un fouillis de plantes, de rameaux, de fruits où la flore imaginaire fait graduellement place à la flore nationale. Dès la fin du xiv⁰ siècle, les feuilles d'enluminure, le houx par exemple, se rapprochent franchement de la forme & de la couleur naturelles. Il est telle peinture dans laquelle on a relevé, sur un espace de quelques

centimètres carrés, une infinité de fleurs des
champs : pensées, chardons, bluets, pavots,
myosotis, valérianes, au milieu desquelles
pendent des fruits, fraises & raisins. Le goût
si prononcé de ce temps pour les fleurs & les
jardins inspire à nos artistes mille motifs de
ce genre, des séries entières de végétaux, d'animaux, d'insectes aux ailes diaprées, comme
ceux qui décorent le *Livre d'Heures de la reine
Anne.*

Comment travaillaient ces miniaturistes ?
Commençant par tracer avec la plume, à
l'encre ou au bistre, le contour du dessin, c'est
encore à la plume qu'ils remplissaient de hachures certains fonds. L'intérieur de ce croquis
recevait une teinte plate, recouverte ensuite
de tons plus foncés pour figurer les ombres
& le modelé. Ce contour au trait noir devint
de moins en moins visible, & la teinte plate de
l'aquarelle fit place à la gouache dont les
rehauts donnèrent, dès le XIIIe siècle, à nos
miniatures le relief & la vivacité de la peinture à l'huile, bien que ces couleurs ne fussent délayées que de blanc d'œuf ou d'eau
gommée.

Les artistes ne s'en tinrent pas là &, dès le xive siècle, nous trouvons des livres d'heures où une hachure d'or appliquée sur les champs coloriés contribue à éclairer la scène en simulant un jeu de lumière sur les plis de vêtements, les feuillages, les plans du paysage. Ces hachures parcourent toute la gamme des tons, produisant des effets tout nouveaux & les plus inattendus : travail qui exigeait, on le comprend, beaucoup de temps & de patience. Une seule miniature imposait parfois un soin prolongé : deux manuscrits de la fin du xie siècle réclamèrent, pour la copie, la décoration & la reliure, quatre années de travail. Dans ces conditions il fallut plus d'une fois partager la tâche entre divers artistes : ainsi s'explique l'inégalité de mérite artistique qu'accusent en plus d'un cas les miniatures d'un même volume.

La personnalité de l'enlumineur, nous l'avons dit, n'a guère de relief & ressort moins dans ses propres ouvrages que celle du simple scribe. Dans la première période du moyen âge, il est en général confondu avec ce dernier qui, plus d'une fois, se montre à l'œuvre avec les attributs de son collaborateur. Vêtu de sa robe monacale, dans une attitude appliquée, il est assis sur un lourd tabouret de bois devant un pupitre chargé du volume à illustrer; sa main tient la plume & le brunissoir. L'enlumineur des xve & xvie siècles, au contraire, travaille librement chez lui, devant une fenêtre largement éclairée; entouré de ses ustensiles habituels, il peint sur une table où repose le vélin. Fabriquant lui-même ses couleurs, il compose directement son sujet sur le manuscrit qui lui a été remis : le copiste a eu soin de laisser en blanc les espaces nécessaires, en indiquant par un trait léger les contours des initiales ou en deux mots le sujet des illustrations à exécuter : *Hic pingatur papa genuflexus. — Hic pingatur mulier una in habitu viduali.* Il est arrivé que ces illustrations indiquées par avance n'ont pas été exécutées ensuite, & les blancs sont restés tels quels dans les manuscrits jusqu'à nos jours.

Sous Charles V, quelques Flamands commencent à travailler à Paris, & à leur tête André Beauneveu, de Valenciennes, artiste de race & l'un des créateurs de l'art du portrait dans notre pays. Il fit celui du duc de Berry : l'œuvre n'est pas flattée, mais certainement ressemblante, & dénote déjà le peintre habile à caractériser chaque personnalité & à donner l'impression de la vie.

L'école flamande est singulièrement féconde & c'est elle surtout qui représente la tendance réaliste à ce moment. L'observation de la nature, qui se reflète dans nombre d'œuvres fortes & saines, lui assure la supériorité sur la France & l'Allemagne durant deux siècles. Jean de Bruges, nous l'avons vu, travailla pour Charles V; Beauneveu, à son tour, exécuta pour Jean de Berry un magnifique psautier, aujourd'hui à la Bibliothèque nationale & dont les premières peintures offrent bien les caractères de l'école flamande : fidèlement copiées sur la nature, elles sont plus accentuées que nobles, mais jamais banales, & le dessin ne manque ni de force, ni de grâce.

Ce zèle artistique avait gagné les femmes elles-mêmes, qui cultivaient la miniature dans des ateliers dont le poète Lemaire de Belges,

historiographe de Marguerite d'Autriche, nous
a laissé la description dans son poème de *La
Couronne Margaritique* :

Leur ouvroir eſt tout fin plaine de tableaux
Painɛts & à paindre, & de maint noble auſtel.
Là sont charbons, crayons, plumes, pinceaux,
Broßes à tas, coquilles par monceaux,
Pinceaux d'argent qui font maint tret soubtil,
Marbres poliȥ außi clers que beril,
Inde, asur vert & asur de Poulaine,
D'ocre asur feu qui du feu n'a péril,
Et vermillon, dont mainte boiſte eſt plaine.

D'autres couleurs y a habondamment,
Lacque, synope, & pourpre de haut pris,
Fin or molu, or mußic, or piement,
Ocre de Ruth, machicot, vert de gris,
Vert de montaigne & rose de Paris,
Bon blanc de plomb, flourée de garance,
Verniȥ de glace en deux ou trois bariȥ,
Et noir de lampe eſtant noir à outrance.

De ces couleurs, par long continuer,
Ces dames cy sceurent vertuȥ pourtraire,
Paindre haulx faiɛts & les insinuer,
Hascher, umbrer, muer, contremuer.

Science ainsi leurs mains proportionne
Qui puis trente ans gaigna par son attraire,
Et fit flourir Marie Marmionne.

Dames d'honneur, vos feminines mains
Ou temps jadis surmontèrent Denys
Et Sapylon, deux grands painčtres romains,
Etc., etc.

Des généralités de l'histoire de l'art en France, qu'il nous soit permis de rentrer un instant dans le cadre spécial de l'histoire parisienne : notre ville, bien des faits relatés plus haut le confirment, a été le centre d'un art local qui, dès le xiii⁰ siècle, se traduisit par les vitraux & les peintures murales de la Sainte-Chapelle. Si les miniaturistes s'étaient groupés d'instinčt autour du vieux collège de Robert de Sorbon, les peintres de la confrérie de saint Luc avaient choisi comme centre de ralliement la chapelle & le cul-de-sac de la Porte aux peintres, près de la rue Saint-Denis. Rien de commun, à l'origine, entre les deux corps qui ne consentirent qu'assez tard à fusionner dans une perfečtion commune. N'oublions pas, au surplus, que l'art du peintre était associé à celui du sculpteur, comme il arrive toujours dans la période la plus ancienne d'une école. Le «peintre ymagier» complétait, en la dorant, la peignant, l'œuvre du sculpteur, & tous deux formaient un seul corps de métier. Puis, vers la fin du xve siècle, l'artiste en *plate peinture* se sépara du sculpteur, il fit des tableaux destinés à être suspendus dans les églises. Depuis longtemps, il est vrai, on peignait sur des panneaux de bois : au xiie siècle, le moine Théophile en décrit la préparation qui consistait à faire sécher à la chaleur du four des planchettes de bois, collées ensuite avec du plâtre & de la colle de peau, & encastrées dans les rétables d'autel. La peinture, sur·fond d'or, en était aussi soignée que celle des miniatures; mais ce n'étaient là que de petites pièces. Des tableaux plus grands étaient encadrés à part dans des bordures à sculptures dorées & suspendus aux murs.

Y a-t-il donc, demandera-t-on, matière dans ces fragments à parler de peinture historique, de grande peinture à cette époque primitive? Les dimensions, il serait oiseux de le rappeler, n'importent pas au caractère d'une œuvre d'art,

& il suffit d'un cadre in-octavo pour présenter des morceaux d'un style héroïque; du reste, les faits ici parlent assez haut pour couper court à tous les doutes, & il nous suffira de rappeler deux monuments, anonymes il est vrai, de l'art parisien à cette date : conservés maintenant au Louvre, ce sont, avec le portrait du roi Jean, les seuls tableaux *historiques* que nous ait légués cette période. Le premier, une *Descente de croix* qui date de 1410, était suspendu jusqu'à la Révolution dans la sacristie de Saint-Germain-des-Prés où dom Bouillart l'a vu & le décrit en ces termes [1] : «L'abbé Guillaume est représenté à genoux, soutenant sous les bras un Christ détaché de la croix, accompagné de plusieurs autres figures assez mal dessinées, suivant la mode de ce temps-là, mais dont les têtes sont bonnes & le coloris d'une grande fraîcheur.» Le second, longtemps exposé dans une des chapelles de Notre-Dame, représente le prévôt des marchands Jean Juvénal des Ursins avec sa femme & ses onze en-

---

[1] *Histoire de l'abbaye de Saint-Germain-des-Prés*, Paris, 1724, in-fol.

fants. Reproduit par Montfaucon [1], il s'impose
à l'attention par son sujet non moins que par
son exécution. Ce souvenir de famille, au reste,
évoque par un rapprochement naturel un autre
monument plus célèbre encore, le fameux
Mißel [2] de Jacques Juvénal des Ursins, un
fils du précédent, qui fut exécuté vers 1453.
Il était à lui seul un véritable musée où chaque tableau était encadré d'ornements, & la
judicieuse répartition de l'or étincelant au
milieu d'une pluie de fleurs offrait un spectacle à coup sûr plus séduisant que la bordure des tableaux modernes. Depuis les sujets
les plus développés jusqu'aux détails les plus
restreints, tous les genres s'y trouvaient réunis,
&, au bout de quatre siècles, les couleurs en
brillaient encore d'un éclat inaltéré. Le nombre, la qualité, l'étendue de ses miniatures
concouraient à donner une exceptionnelle
valeur à ce chef-d'œuvre qui était comme

[1] Voir *Monuments de la monarchie française,* t. III,
pl. LXVII. — Un critique expérimenté, M. George
Berger, croit pouvoir l'attribuer à Fouquet.
[2] Si malheureusement détruit, avec la bibliothèque de
l'Hôtel de Ville, par l'incendie de 1871.

le legs suprême de l'art du moyen âge à son déclin.

Au-dessus de la foule des anonymes, une famille de peintres, au cours de cinq générations, a laissé, avec son nom, une trace profonde dans l'histoire de l'art parisien & parvint à une réputation consacrée par les documents contemporains du xiiie au xvie siècle.

Jean d'Orléans, le premier de cette dynastie d'artistes, paraît en 1292 & en 1313, la première & la dernière date où l'on trouve trace de sa personne : il y figure dans les rôles de tailles, ces sources maintes fois si fécondes de documents pour la biographie parisienne. En 1292 «Jehan d'Orlienz le paintre», demeurant rue de la Tabletterie, paroisse Saint-Germain, est taxé, en commun avec son *serourge* ou beau-frère, à 18 s. p. Depuis quand sa famille ou lui-même étaient-ils fixés à Paris ? Nous l'ignorons. Vingt & un ans après, en 1313, il était sans doute mort depuis peu : le rôle de la taxe levée cette année-là pour l'armement comme chevalier du fils aîné de Philippe le Bel cite parmi les «nons des mors, puis la chevalerie de l'einzné fils nostre seigneur le Roy qui ont paié ou pour eulx leur taille», la *fame de Jehan d'Orliens,* qui habitait alors la paroisse de Saint-Nicolas-des-Champs.

Son fils, «m^e Girart d'Orliens», figure dans divers actes qui nous présentent les précurseurs de notre grand art aux prises avec les besognes les plus humbles du tapissier & du badigeonneur [1] : en avril 1344 il touche un reliquat de 8 l. t. sur une somme à lui due comme peintre d'une litière pour la comtesse de Blois.

En 1352, un compte assigne «à maistre Girart d'Orleans, peintre du Roy, pour VI selles necessaires, feutrées & couvertes de cuir» XVIII l. p.

En 1355 «à maistre Girart d'Orliens, pour la façon, painture, les chaaines & les IIII chaaires à dossier couvertes de velluau par dessus,

---

[1] Ces débuts, il ne faut pas l'oublier, ont été les mêmes pour les arts de tout ordre dans les sociétés naissantes : hommes d'élite & simples manœuvres, réduits au même rang, restèrent confondus sous une dénomination commune jusqu'au jour où le progrès général de la culture publique permit de discerner dans la besogne manuelle le rayon de l'art & de rendre au génie l'hommage qui lui était dû.

que madame la Royne, la Dauphine, la Royne de Navarre & la Duchesse d'Orliens ont eues, en ce terme, pour cause de leur atour & de laver leurs chiefs, x escus la piece », XL escus.

En 1355, le même Girard se trouvait, comme collaborateur du peintre Jean Coste, chargé d'exécuter des travaux de peinture au vieux château de Vaudreuil, en Normandie, déjà habité par les rois de la première race, puis visité avec prédilection par Jean le Bon & Charles V. Dans la grande salle fut exécutée la vie de J. César; dans la galerie voisine, une scène de chasse; dans la chapelle, des sujets tirés de la Passion & de la vie des saints; dans l'oratoire du prince, un couronnement & une annonciation de la Vierge : le tout « de fines couleurs à l'huile » sur fond d'or. Le prix de ces travaux, détail précieux à recueillir, était fixé à 600 florins d'or (plus de 15,600 fr.) [1]. L'emploi annoncé des couleurs à l'huile donne à ces documents une importance singulière pour l'histoire de l'art & de sa technique.

[1] *Archives de l'art français*, II, p. 340.

Le roi Jean pris à Poitiers & conduit en Angleterre, nous retrouvons dans son entourage «Girart d'Orliens, paintre & varlet de chambre du Roy», qui exécuta pour son maître divers travaux d'ordre essentiellement privé :

«En 1358. Pour v paonnez (pions d'échecs) & 1 fol, tant d'ivyre comme de coir, pour le jeu des eschés du Roy, du tablier qui fut m⁰ Jehan de Savoie, fait du commandement du Roy, xviii d.

«En 1359. Pour refaire de charpenterie & repaindre de nouvel la chaiere (chaise percée) du Roy, xvi s. viii d.»

On s'est demandé plus d'une fois à qui attribuer le portrait, déjà cité, du roi Jean. Les uns en font honneur à Jean Coste, peintre favori du roi durant de longues années, mais qui semble être tombé en disgrâce pour sa négligence dans les travaux de Vaudreuil; les autres penchent pour M⁰ Girard : c'est le sentiment de M. Douet d'Arcq dans ses *Comptes royaux*, & du duc d'Aumale dans les *Notes sur le roi Jean*. Cette opinion semble en définitive la plus plausible. Le jour où le royal prisonnier fut privé d'une partie de sa suite, notre peintre dut à la réclamation expresse du roi captif le privilège de rester auprès de lui. Le nom de Coste fit place dans les comptes royaux à celui de Girard : le fameux portrait n'est-il pas au nombre des travaux dont celui-ci reçut à mainte reprise la commande ?

Jean II d'Orléans fut à son tour peintre & valet de chambre des rois Charles V & Charles VI. Bien qu'en faveur à la cour, il n'accomplit pas de grands travaux ailleurs qu'au château de Saint-Germain : certains critiques récents inclinent, il est vrai, à lui attribuer la grisaille sur soie, connue sous le nom de *Parement de Narbonne*, & aujourd'hui au Louvre. La scène centrale, représentant la crucifixion, est accompagnée à droite & à gauche de divers épisodes accessoires : l'arrestation du Christ, la flagellation, le portement de croix, la descente aux enfers, etc. Des deux côtés de la croix sont agenouillés Charles V & la reine Jeanne de Bourbon. Par la science du dessin comme par l'expression des physionomies, le *Parement de Narbonne* est une œuvre capitale de l'école parisienne dont elle présente les caractères indéniables.

Adonné surtout aux travaux de genre & de décoration intérieure, Jean est nommé pour la première fois en 1364 où Charles V alloue «à nostre amé paintre & vallet de chambre Jehan d'Orléans pour un tableau de bois d'Illande[1] (Irlande)» xvi fr.

En 1378, nouvelle allocation de «100 frans payez a nostre amé paintre Jehan d'Orleans pour certains ouvrages de peintures qu'il a faiz pour nous en nostre chastel de Saint-Germain en Laye...»

En 1389, encore un mandat de payement. «Nous voulons & vous mandons que a nostre amé peintre & varlet de chambre Jehan d'Orliens vous faciez paier sans delay deux cens frans d'or..... c'est assavoir pour deux tableaux, dont il a en chacun une ymage de Nostre-Dame, l'un pour nous & l'autre pour nostre tres chier frère le duc de Touraine..... Item,

---

[1] Bois fort apprécié pour les panneaux peints ou sculptés. Nous savons déjà que les parois de la vieille bibliothèque du Louvre étaient lambrissés de panneaux en bois d'Irlande.

pour deux histoires faićtes en un tableau d'or, ouquel a plusieurs reliques pour nostre dit frere de Touraine, parels aux nostres. Item, pour deux tableaux pour nous, fermans l'un sur l'autre, dont en un est l'ymage de Nostre-Dame & de sainte Katherine, & en l'autre de monseigneur saint Jehan Baptiste & de monseigneur saint Georges, garny d'argent doré. Item, pour six bleizons dont les quatre furent fais pour la venue à Paris de nostre tres chiere & tres amée compaigne la Royne, & les deux pour la feste qui sera faićte le premier jour de may[1]. . . . . . » &c. Nous ne pouvons sans doute insister sur les nombreuses œuvres de cet artiste : en 1408, vieux & fatigué, Jehan II se retira de la cour en laissant à son fils François la survivance de sa charge, & se borna dès lors à travailler pour le duc de Berry. C'est à la demande du vieux prince qu'après l'assassinat du duc d'Orléans par Jean sans Peur, il peignit sur les murs de la chapelle de l'hôtel de Nesle une scène commémorative de la ré-

____

[1] Apparemment la plantation annuelle du mai célébrée par les clercs de la Basoche du Palais.

conciliation qui avait paru, quelques jours
plus tôt, rapprocher les deux adversaires. «Cet
événement, observait Sauval au xviie siècle, a
été peint à fresque sur les murs, à côté de
l'autel, mais cette peinture est presque effacée. »
Puis la guerre étrangère & les troubles civils
vinrent désoler Paris, au grand préjudice du
foyer artistique qui jusqu'alors avait produit
tant de belles œuvres à l'intérieur & rayonné
jusque sur les Pays-Bas & la Flandre : le Louvre,
les maisons royales de Vincennes & de Saint-
Ouen, l'hôtel Saint-Paul étaient enrichi des décorations dont l'admiration des contemporains
& quelques inventaires seuls nous donnent une
idée. Les hôtels des princes du sang, de la
noblesse, de la riche bourgeoisie même sui-
vaient le mouvement : le château de Bicêtre,
incendié par la populace parisienne en 1411,
avait été embelli par le duc de Berry avec un
luxe inouï; deux petites chambres, ornées
d'arabesques d'un merveilleux travail, échap-
pèrent seules à la ruine. La grande salle resplen-
dissait de dorures & de peintures précieuses :
portrait d'un pape, de cardinaux, de rois
& princes français, des empereurs romains &

grecs. L'hôtel du chambellan Savoisy, démoli en 1404 pour satisfaire aux rancunes universitaires, possédait des galeries bâties sur le mur d'enceinte & qui seules furent épargnées « pour la merveille de l'ouvrage, dit le Laboureur, pour la rareté & la diversité des peintures ».

Les églises, les couvents & les cimetières, avec leurs chapelles ou leurs cloîtres dont les parois développaient de vastes surfaces planes, se prêtaient le mieux du monde à l'exécution de grandes scènes religieuses ou historiques. Le chroniqueur monastique Jean de Venette, prieur des Carmes de la place Maubert au milieu du XIVe siècle, rapporte que la reine Jeanne d'Évreux avait fait exécuter de très belles peintures sur l'autel de son couvent, tandis que le cloître était bordé de peintures murales représentant des épisodes de la vie de saint Louis & de l'introduction des Carmes en France. Le couvent des Célestins, dans le quartier de Saint-Paul, présentait « paradis & enfer en painture ». Et Guillebert de Metz, qui avait vu la fameuse Danse Macabre du cimetière des Innocents, déclare « qu'illec se trouvoient painctures notables avec escriptures pour es-

mouvoir les gens a devotion ». Instruire & édi-
fier par l'aspect les populations ignorantes du
moyen âge, ce but n'était pas douteux, & se
retrouve exprimé sous une forme saisissante
par Villon dans son Invocation à la Vierge :

> *Femme je suis povrette & ancienne,*
> *Ne riens ne sçay, oncques lettres ne leuz ;*
> *Au moustier voy, dont suis parroissienne,*
> *Paradis painct, où sont harpes & luz,*
> *Et ung enfer où damnez sont bzullus :*
> *L'un me faict paour, l'autre joie & liesse ;*
> *La joie avoir fais-moy, haulte déesse,*
> *A qui pécheurs doivent tous recourir,*
> *Comblez de joy, sans faincte ne paresse ;*
> *En ceste foy je vueil vivre & mourir.*

Après l'année 1408, où il se démit de sa
charge en faveur de son fils, Jean II d'Orléans
n'a plus laissé de trace dans l'histoire de son
temps : la date même de sa mort est restée
inconnue. Quant à François, il disparut derrière la personnalité plus brillante de son père,
& vécut sans éclat à Bourges, où un document
le cite en 1416 comme « paintre » attaché au
service du duc de Berry. Enfin un article des

dépenses municipales en 1506 pour l'entrée du
roi & de la reine alloue «à Jehan d'Orléans,
Christophe Du Treffouls & Jehan Du Chesne,
peintres, 35 l. 5 s. pour avoir painct les poesles
du Roy & les bannieres des trompettes». Ce
Jean, troisième du nom, fut sans doute un
descendant de François.

Transplantée de Paris à Bourges au xvᵉ siècle,
cette famille d'artistes s'est éteinte, suivant
toute apparence, obscurément, car tout ren-
seignement nous manque sur sa destinée ulté-
rieure.

Au milieu du xvᵉ siècle l'art de la miniature
est parvenu à son apogée, malheureusement
aussi à la veille de sa chute. Un nom domine
toute cette époque : celui de Jean Fouquet,
peintre & miniaturiste de Louis XI. «Aussi
naïf, plus naturel que Memling, pour les
échappées de lointain, les paysages à vol d'oiseau il surpasse J. van Eyck, tant il sait éclairer
avec harmonie ses plans successifs & les pénétrer de perspective aérienne. Les détails de
ses vues ont toute la bonhomie de la vérité
prise sur le fait; la grandeur de ses horizons, la

profondeur de ses lointains offrent une réalité saisissante. » A ce jugement de M. de Laborde, un étranger, Florio, de Florence, ajoute le sien : « Ce Fouquet l'emporte par le talent sur tous ses contemporains & même sur tous les anciens maîtres. Je m'estimerais heureux de pouvoir atteindre, par mes paroles, au mérite exquis des chefs-d'œuvre de son pinceau. » Avant Vinci & le Pérugin, soutenu par son génie & appuyé sur la nature, tout en restant fidèle à la règle de l'observation naïve, il s'élève au-dessus de l'école flamande. Il procède à la fois du moyen âge & de la Renaissance, de celle du moins qui fit passer son souffle bienfaisant sur l'art du xve siècle. Héritier des Flamands par le naturalisme de toute son œuvre, des Italiens par sa science du dessin, il a été déclaré parfois le chef de l'école française dont il fut en tout cas le meilleur représentant. Mais ses personnages sont plus vivants, plus réels que ceux de ses maîtres flamands. Il excelle à grouper les individus en leur donnant une physionomie caractéristique, son coloris est excellent & harmonieux, & les paysages qui servent de décors aux épisodes, d'un dessin parfait. Ses miniatures, pour ne parler que d'elles, montrent une liberté, une invention & un naturel qui le mettent hors de pair. Que l'on ouvre son Tite-Live, au Cabinet des Manuscrits de la Bibliothèque nationale : sauf cinq ou six, visiblement d'une autre main, toutes les compositions en sont admirables par le naturel & la vie qui y règnent. L'épisode, mis en lumière sans digression superflue, est assaisonné de détails pittoresques & curieux, mais sobres & toujours motivés. La plus frappante, peut-être, de ces scènes, est un épisode de massacre tiré de l'histoire romaine. Le désordre est général, on se précipite, on s'égorge : au milieu de cette cohue, le principal personnage, à cheval & vu de face, préside au carnage, féroce & calme à la fois. Quant à l'architecture qui sert de cadre, la perspective en est prise de haut, en sorte que toutes les lignes aboutissent au personnage qui forme le nœud de la scène.

Parfois la seule profondeur d'intelligence que l'artiste a su apporter à son sujet en fait surgir des traits poignants. Prenons une autre miniature du Tite-Live : *La fille de Servius*

Tullius faisant paßer son char sur le corps de son père. Le malheureux roi, écrasé par la première roue, va mourir; mais son sang rejaillit sur sa fille & l'éclabousse au cœur : son crime l'atteint dans sa personne. Rembrandt n'a rien trouvé de plus profond. Les détails ne sont pas pour cela négligés, &, malgré les dimensions restreintes de l'ensemble, le fini en est irréprochable. Le char romain est décoré d'armoiries féodales, la fille dénaturée vêtue comme une bourgeoise du XVᵉ siècle, & dans les maisons bâties suivant le goût du moyen âge les fenêtres sont garnies de spectateurs.

Les miniatures du Livre d'heures que le maître tourangeau exécuta pour le trésorier de France, Étienne Chevalier, sont placées par les meilleurs juges au-dessus de celles du Tite-Live[1]; ce splendide recueil comptait une cin-

[1] La plus belle des œuvres de Fouquet est malheureusement perdue pour la France : c'est la Bibliothèque royale de Munich qui possède, avec le manuscrit connu sous le titre de «Cas des nobles hommes & femmes malheureux», traduit de Boccace, le *Jugement du duc d'Alençon.* Ce sujet, remarquable spécimen de la science de la composition qui était la qualité maîtresse des Français, représente le lit de justice tenu à Bourges en 1458 pour juger

quantaine de sujets, qui étaient en diminutif de véritables tableaux; il passa de main en main jusqu'à un héritier qui, vers le temps de Louis XIII, dépeça brutalement le chef-d'œuvre & vendit les planches pièce à pièce. Une quarantaine, rachetées à Bâle par M. Brentano, de Francfort, ont été vendues en bloc par son fils au duc d'Aumale & ornent désormais le musée de Chantilly.

Le portrait, auquel s'étaient déjà essayés, nous l'avons dit, les miniaturistes de l'époque précédente, prit avec notre artiste une importance nouvelle. D'une individualité très accentuée, il adopta, pour traduire sur la toile la physionomie humaine, une formule qui montrait dans leur rudesse un peu morne les personnages de son temps. Sans même parler de l'hommage que les Italiens rendirent à la supériorité de l'école française en appelant à Rome

le prince accusé de haute trahison. La scène réunit sur un même feuillet, autour de Charles VIII grave & sérieux, plus de cent personnages pris sur le vif, princes du sang, seigneurs, prélats, magistrats placés à leur rang hiérarchique; plus loin des clercs, des huissiers, des hommes d'armes. C'est une page pleine de vie, & où l'artiste a laissé, à vrai dire, autant de portraits que de personnages.

celui qui en était le chef incontesté pour peindre le portrait, aujourd'hui perdu, du pape
Eugène IV, il a laissé des œuvres d'une merveilleuse finesse. L'*Adoration des Mages,* qui
provient des fameuses Heures, semble n'avoir
été exécutée que pour y placer le portrait de
Charles VII, protecteur de l'artiste. Le roi y
occupe la place principale, vêtu d'un pour-
point vert, de hauts de chausses roses & de
grandes bottes noires; agenouillé sur un cous-
sin bleu à fleurs de lis d'or, il présente au divin
enfant une coupe remplie de pièces d'or.

C'est encore pour Étienne Chevalier que
l'artiste exécuta, après la mort d'Agnès Sorel
sa protectrice, le fameux diptyque qui réunissait sur ses deux volets le portrait du trésorier
présenté par son saint patron, & celui de la
maîtresse royale figurant la Vierge. Les deux
panneaux, de dimensions fort inégales, & exécutés, semble-t-il, à un assez long intervalle
l'un de l'autre, furent réunis vers 1460 & suspendus dans une église de Melun. L'œuvre y
resta jusqu'en 1775 & fut alors partagée : le
portrait d'Agnès entra au musée d'Anvers;
l'autre est depuis 1896 au musée de Berlin.

Une remarque assez piquante, au surplus, & qui touche de près à l'histoire des mœurs, se présente ici à nous; à l'inverse du portrait, c'est au temps de Charles VII seulement que le nu, jusque-là fort négligé, se fit admettre franchement dans la peinture, & cela au moment même où la mode inaugurée par Agnès Sorel introduisait un certain décolletage dans le costume féminin.

Les sujets dans lesquels Fouquet a traité l'histoire évangélique ou même la légende hagiographique sont des morceaux exquis d'expression & de mise en scène. Telle de ses Vierges annonce déjà le type à la fois idéal & réel de Raphaël; il semble même avoir inspiré au maître romain certains personnages caractéristiques, comme le jeune homme qui brise une baguette sur son genou dans la scène du mariage de Marie.

C'est bien un spécimen d'art réaliste, & du meilleur, que le joli tableau de mœurs privées peignant la présence de la Vierge à la naissance de Jean-Baptiste; ici le miniaturiste nous introduit dans quelqu'un des intérieurs de son temps dont il connaît tous les détails. L'accou-

chée, dans un lit moyen âge, est assistée de sa
mère, qui borde les draps; à quelques pas, un
groupe de commères font leurs gloses sur l'événement. Au premier plan la Vierge tient sur
ses genoux le nouveau-né qu'elle va baigner
dans un cuvier où une servante verse de l'eau
en s'assurant qu'elle n'est pas trop chaude,
tandis qu'une autre, debout devant la che-
minée, chauffe une serviette à la flamme. Assis
à droite, le père trace sur ses tablettes le nom
de l'enfant.

Toutes ces compositions présentent un caractère commun : celui d'un sentiment pittoresque très accentué; c'est le spectacle le plus
saisissant en même temps que le plus naturel,
& l'intérêt moral s'associe toujours à celui des
yeux. Dans ces scènes où les accessoires jouent
un rôle important & attirent les regards sur
tous les points, c'est toujours l'essentiel qui
domine. Les physionomies, l'action des personnages allant droit au but ne font pas perdre
de vue l'élément récréatif que présentent les
fonds de paysages. Les paysages de Fouquet
sont effectivement, par le jour précieux, presque bizarre, sous lequel s'y montre la nature,

& qu'ont imité tous les maîtres du xvᵉ siècle, le côté le plus original de son œuvre; l'invention y tient autant de place que la réalité, & l'ensemble rappelle beaucoup les campagnes de Touraine.

Les types, enfin, sont bien français; si les costumes appartiennent à l'Italie où l'artiste avait fait un séjour[1], les figures, plus courtes qu'allongées, portent l'empreinte du même terroir que les scènes champêtres.

Fouquet, dont la vie (1415-1485) avait rempli presque tout le xvᵉ siècle, inspira deux disciples: Jehan Bourdichon, qui avait commencé par figurer au temps de Louis XI comme enlumineur de manuscrits & *peintre-ymagier* ou coloriste de statues, plus tard peintre de bannières & d'écussons. Son œuvre capitale, le célèbre *Livre d'Heures d'Anne de Bretagne* couronne la série des merveilles de la miniature

[1] De 1443 à 1447. L'influence qu'y subit le maître tourangeau lui laissa une trace durable. Derrière le style essentiellement français de l'artiste perce, dans ses miniatures, le souvenir très visible des enseignements de Fra Angelico qu'il put connaître, sinon personnellement, du moins par ses œuvres.

française à son déclin. Le grand portrait de la reine, entourée des saintes Anne, Ursule & Hélène, qui ouvre le volume, est un morceau au coloris clair & charmant, au dessin très pur; les mains seules accusent, avec la raideur, la longueur caractéristique de la plupart des miniatures. Ce frontispice est accompagné de cinquante & une pièces capitales où tous les genres sont représentés; les marges elles-mêmes sont décorées d'un véritable herbier : fruits, fleurs, plantes de jardins & des champs, suivis chacun de son nom. D'abord attribué, sur la fausse interprétation de documents contemporains, à J. Poyet, ce chef-d'œuvre a été restitué par la critique à son véritable auteur qui reçut, en mars 1508, 1,050 l. t. pour avoir « richement & somptueusement historié & enlumyné une grans Heures pour nostre usaige & service, où il a mis grant temps ».

Puis ce fut Perréal, dit Mᵉ Jehan de Paris[1], qui ne se montra guère inférieur à son maître;

---

[1] Né en province, il paraît être venu jeune à Paris, d'où son surnom. En décembre 1496 il marque sa présence dans la capitale comme signataire d'une pétition des peintres, sculpteurs & verriers au roi.

ainsi en jugèrent du moins ses contemporains par la voix de Lemaire de Belges; dans la *Plainte du Désiré,* celui-ci rend au mérite de l'artiste un hommage bien fait pour accroître notre regret qu'aucune de ses œuvres ne soit parvenue jusqu'à nous :

> *Besongnez donc, mes alumnes modernes,*
> *Mes beaux enfants nourris de ma mamelle;*
> *Toy Leonard qui a graces supernes,*
> *Gentil Bellin, dont les loz sont éternes,*
> *Et Perusin qui si bien couleur mesle;*
> *Et toy Jean Hay, ta noble main chome elle?*
> *Viens voir Nature avec Jean de Paris,*
> *Pour lui donner ombrage & esperits.*

Qui était ce Hay? Nous l'ignorons. Quant à Perréal, d'abord attaché comme valet de chambre à la maison de la reine Charlotte de Savoie, femme de Louis XI, puis cité dans les *Contes* de la reine de Navarre comme peintre de Charles VIII, il fut, à trois reprises, en 1489, en 1493 & en avril 1499, chargé par la ville de Lyon de diriger les travaux de décoration pour l'entrée du roi & de la reine. Rien ne fait mieux comprendre la grossièreté encore générale de la société de ce temps que la condition subalterne & les besognes auxquelles les préjugés publics & la méconnaissance des droits du talent ravalaient des artistes de premier mérite. La dernière de ces solennités fut rehaussée par la représentation d'une sorte de tableaux vivants : le peintre fut chargé de régler le costume des *figurantes,* & de dessiner « les rollets » ornés de devises qu'elles récitèrent au passage du cortège royal. « Maistre Jehan le peintre, portent les comptes de la fête, & son vallet, pour les avoir arrondis de coleurs, trassez & coppez. » Et lorsque Louis XII fut à la veille d'épouser Marie d'Angleterre, n'est-ce pas lui encore qui fut envoyé à Londres pour diriger le travail des couturiers chargés d'habiller la future reine à la mode française ?

Détail curieux : ce Mᵉ Jehan, sans aucun doute notre Perréal, a laissé, en quelque distraction d'artiste, au dos d'un de ses comptes, deux têtes croquées à la plume, la seule œuvre authentique qui nous reste de lui.

En 1510, Jean Lemaire, publiant sa chronique en vers, l'illustra de sept gravures sur bois auxquelles, on peut le supposer, Perréal ne resta pas étranger, bien que l'historien, dans une épître à l'artiste «son singulier patron & protecteur, son chier amy & nostre second Zeuxis en painéture», ne les mentionne qu'en passant.

L'incertitude plane en définitive sur l'œuvre de Me Jean de Paris. On lui attribue une *Vierge* conservée au Louvre, dont l'ornementation présente, dans les détails d'un dallage multicolore, certains signes énigmatiques à première vue : un observateur sagace, M. Paul Durrieu, a réussi à y déchiffrer une suite de caractères hébreux qui représentent les initiales I P avec la date 1490. Faut-il y voir la signature de Jean Perréal? Cette interprétation, qui n'est pas invraisemblable, nous permettrait de dater une des œuvres attribuées à l'artiste.

Il serait injuste de passer sous silence une dizaine de miniatures consacrées à la Commémoration de la mort de la reine Anne en 1513. Ces sujets, aujourd'hui conservés parmi les manuscrits de la Bibliothèque nationale, qui représentent la reine exposée sur un lit d'apparat, dans la salle d'honneur du château de Blois, sa mise en bière, le cortège funèbre à Paris, ont un mérite incontestable, celui de la vérité des physionomies & des costumes. Quant à la *Meße de Saint-Grégoire* enfin, ce tableau du musée de Cluny dans lequel certains critiques ont prétendu reconnaître une œuvre de la même main, il joint à des types ronds & un peu vulgaires des édifices de style italien, dont Perréal pouvait effectivement avoir rapporté l'idée de ses expéditions au delà des monts à la suite de Charles VIII & de Louis XII.

La Renaissance, qui s'ouvre vers 1480, est une période de décadence pour l'enluminure. La calligraphie, source originale de l'ornement, subit, tout comme la miniature, le contre-coup de l'imprimerie naissante. Les initiales n'ont rien perdu de leur ancien éclat : l'or, les couleurs vives, les sujets historiés y brillent, mais les lignes essentielles se déforment. Au lieu de rinceaux & de fleurons, elles se revêtent de figures grimaçantes & grotesques, de feuillages grossiers ; parfois le coloris même disparaît & la plume se livre à des fantaisies, des déliés, des spirales qui n'ont rien de commun avec le bon goût. A ce moment paraît l’imprimerie : en même temps que le manuscrit s’efface devant le livre à caractères moulés, la xylographie s’empare de l’illustration, & l’immobilisation des formes arrête l’initiative & le génie de l’artiste. La transformation, certes, est lente : le nouvel art n’est encore, au début, qu’une simple contrefaçon de la pratique du calligraphe, & les premiers imprimeurs s’appliquent à présenter leurs productions comme des copies faites à la main. Les célèbres *Heures* imprimées par Simon Vostre en 1500, par Pigouchet, Hardouin & d’autres imitent à s’y méprendre le caractère du manuscrit : une place est laissée en blanc pour l’initiale que doit peindre l’enlumineur. Puis c’est l’influence de la Renaissance italienne qui intervient, & la substitution à la pensée religieuse qui avait inspiré l’ancienne miniature, d’un matérialisme assez vulgaire qui étouffe les écoles nationales.

Le portrait, malgré tout, continue à fleurir : après les *Heures* de la reine Anne, qu’on regarde celles de Henri II, une des plus belles productions artistiques de la Renaissance ! Ornées d’un grand nombre d’initiales dorées

& coloriées, elles offrent treize miniatures d'un art exquis : celle qui termine l'ouvrage a toute l'importance d'un tableau historique. Elle représente Henri II touchant, suivant la tradition monarchique, les écrouelles après son couronnement à Reims. Le visage du roi est peint avec une grande délicatesse, son attitude pleine de dignité, & le reste des personnages sont groupés avec art; l'ensemble de la scène est exécuté avec une légèreté de main qui révèle dans l'auteur anonyme un artiste de haute valeur rompu à toutes les règles de la perspective, à tous les secrets d'un coloris harmonieux.

Le portrait de François I*er*, dans la chronique de Du Tillet, n'est pas inférieur au précédent. Le peintre Godefroy, l'illustrateur des *Commentaires de César,* a cherché à peindre d'après nature les lieux cités dans l'ouvrage, & s'est montré un artiste de race, dominé par le souci de la vérité. Le portrait s'unit à la peinture d'histoire dans une miniature du *Voyage de Gênes,* par le poète Jean Marot, qui représente l'entrée de Louis XII dans cette ville : bien qu'anonyme, cette œuvre constitue

un tableau de premier ordre qui nous transporte déjà en pleine école moderne.

Rappellerons-nous enfin le recueil des *Privilèges octroyés aux clercs, notaires & secrétaires du roi
de Louis XI à Henri II?* Exécuté vers 1550,
ce volume, dont certaines miniatures ont été
parfois attribuées à Jean Cousin, est une des
plus belles œuvres de ce temps. L'encadre-
ment sur fond d'or de la première page est
une délicieuse composition. La faune & la
flore, des satyres, les motifs les plus divers,
habilement combinés, y forment un ensemble
aussi gracieux qu'original. La science des raccourcis ne laisse rien à désirer, & le rapprochement des couleurs, dans les encadrements
comme dans les initiales, réussit toujours à
charmer le regard.

C'est au moment même, en effet, où le
livre imprimé va remplacer le manuscrit que
la miniature jette son plus vif éclat, & les
encadrements atteignent le point culminant,
peut-être, de la richesse artistique. L'école
française d'ornementation a voulu accentuer
encore la manière brillante de Fouquet, mais
elle est désormais frappée sans remède : ab-

sorbée par la recherche du coloris, elle en né-
glige l'expression des têtes; c'est sa fin. Il fallut se tourner vers les Flamands qui avaient
conservé & rétablirent à son juste rang l'art de
l'expression qui fait les portraitistes : Clouet,
puis Porbus entrèrent en scène. Il est une
exception, cependant, à laquelle il convient
de rendre hautement hommage : c'est Jean
Cousin, que son génie arracha seul à l'affaisse-
ment presque général de la miniature française.
A ce moment même, malheureusement, la
politique, qui, en France comme au dehors,
changeait la répartition de l'échiquier euro-
péen, faisait passer les Pays-Bas sous la domi-
nation autrichienne. L'art français se trouva
isolé d'un pays avec l'art duquel il avait les
principales affinités; survenant à la suite du
mouvement qui avait rapproché des Flandres
les meilleurs représentants de l'école allemande,
le préjudice était irréparable. En assouplissant
leur raideur native au contact d'un style plus
moelleux, ces derniers communiquèrent à
leurs nouveaux émules quelques traits du
charme sentimental qui les caractérisait. Que
l'on suppose pour un instant une union poli-

tique entre ce pays & le nôtre : notre tempérament national, encore ignorant & inexpérimenté, mais pénétré d'un charme inné qui ne se démentit jamais, n'eût-il pu, sur un mélange de la grâce & de l'émotion vraie avec la correction trop froide des Flamands & le mysticisme allemand, fonder une école française plus maîtresse de la science du dessin & de la composition ?

Entraînée par ses rêves de conquête, la France se tourna vers l'Italie, mais sans profit pour elle : le goût affiné par une sérieuse instruction lui manquait encore pour apprécier les premiers chefs-d'œuvre rencontrés au delà des Alpes. Cette infériorité retarda l'éclosion de l'école française de peinture, qui était destinée à se fonder pour ainsi dire sans transition pour atteindre presque du coup le premier rang.

Ainsi s'explique le fait que Jean Cousin [1], notre premier peintre, n'obtint pas en son temps la réputation qu'il méritait. À l'exemple des maîtres de la Renaissance italienne, à la fois verrier, miniaturiste, peintre, sculpteur &

[1] Né à Sens vers 1500.

architecte, il produisit, dans chacune de ces branches, mainte œuvre dont nous ne devons la connaissance qu'à des renseignements de seconde main. C'est uniquement comme miniaturiste & «maistre peintre», ainsi qu'il aimait à s'intituler lui-même, que nous avons à le considérer ici. Dans le premier genre il se rattache encore au vieil art français par deux manuscrits : d'abord, un livre de prières exécuté pour Henri II, dans lequel six ou sept sujets, sur un total de dix-sept, sont peints en camaïeu rose, bleu, gris ou or : le dessin, à la fois naïf & énergique, dépasse celui d'autres œuvres du même maître. Puis c'est un autre *Livre d'Heures* pour le grand écuyer Claude Gouffier, décoré de huit peintures sur vélin qui, par leurs dimensions, sont presque des tableaux. Miniatures comme tableaux dénotent encore un attachement réel à la tradition du moyen âge; un coup d'œil superficiel induirait même à supposer que l'artiste est resté à peu près étranger à la bienfaisante influence de la Renaissance italienne.

Comme peintre, c'est à bon droit qu'on peut appeler Cousin le chef de l'école française; il fut des premiers en France à employer la peinture à l'huile dont on a à tort attribué l'invention à Jean de Bruges : les comptes du moyen âge qui y reviennent plus d'une fois, & les commentaires du moine Théophile, au XIIe siècle, en établissent l'usage longtemps auparavant. Son mérite, & il suffit à lui faire honneur, est d'avoir ajouté à l'huile un vernis siccatif qui permettait de rendre les effets de lumière & a donné ainsi naissance au paysage en peinture. Ce procédé nouveau, en augmentant les moyens d'action des artistes, favorisait puissamment le développement de leur génie & assurait du même coup la durée de leurs œuvres.

Cousin a laissé d'abord le tableau qu'il avait intitulé lui-même : *Eva prima Pandora ;* fruit de sa jeunesse, cette œuvre représente une femme couchée dans une attitude insouciante sur le sol d'une grotte dont l'ouverture laisse apercevoir un paysage au bord de la mer. Longtemps perdu, puis retrouvé fortuitement vers le milieu du XIXe siècle, le tableau est peu coloré, mais d'une grande finesse de tons, & le dessin en montre de la distinction en même temps que de la simplicité.

Comme portraitiste, il s'est montré, dans cinq toiles restées jusqu'à nos jours entre les mains de ses descendants, à Tours, le rival heureux de l'école franco-flamande. Deux de ces portraits, ceux de la fille de l'artiste, Marie, & de son beau-frère Jean Bouvyer, rappellent la manière à la fois fine & simple, subordonnée au respect du naturalisme le plus vrai, qui caractérise Holbein; les trois autres, d'allure plus française, montrent le dessin soigné & un peu minutieux qui est le propre de Clouet.

A une époque postérieure, il sacrifia sa simplicité native à une manière plus tourmentée & plus énergique, mais sans dégager le même charme. C'est dans ces conditions qu'il exécuta pour les Minimes du bois de Vincennes son fameux tableau du *Jugement dernier*. Dans un cadre restreint l'auteur a reproduit pour ses contemporains un abrégé des modèles impérissables qu'il avait étudiés, tout nous le fait supposer, à l'école de Raphaël & de Michel-Ange. Dans cette multitude de petites figures qui s'agitent & se dégagent sur le premier plan, la composition est claire, bien divisée & sans confusion. Les nus sont d'un modelé & d'une anatomie irréprochables, & la perspective résout sans effort les raccourcis les plus difficiles. Exécuté sur une plus grande échelle, ce tableau produirait sans doute un effet très puissant. Ce qui peut-être y manque, c'est l'entente du clair-obscur, si importante dans les scènes de ce genre, & le coloris, moins sombre que ne le requérait un sujet de cette nature.

Le double souvenir des deux maîtres italiens plane sur cette toile : de Michel-Ange, dont Cousin apprit le secret de la puissance qui communique à ses personnages l'empreinte d'une vérité surnaturelle; de Raphaël, dont la correction de dessin & la suavité de coloris restent toujours idéalement pures en même temps que d'une savante simplicité. L'artiste, dont un de nos critiques les plus autorisés alla jusqu'à dire : «On peut peindre autrement, mais on ne saurait mieux peindre »[1], recueillit ces deux grandes leçons & voulut les traduire à l'usage des Français de son temps : il ne fut pas compris.

[1] Et M. Ch. Blanc ajoute, de son côté : «Il est le Michel-Ange de nos régions tempérées.»

Nous atteignons ici le seuil de la Renaissance, & le moment est venu de conclure; l'art séculaire de la miniature a laissé une héritière de grande race : la moderne peinture sur toile, après s'être dégagée, nous l'avons dit, des étreintes de la lettre historiée, a fini par briser le cadre trop étroit du livre pour se développer en pleine liberté. L'école française de peinture a pour ancêtres directs Fouquet & Cousin, & ses œuvres ne sont à l'origine que des miniatures agrandies : l'inspiration première & les procédés d'exécution n'ont pas changé. Faut-il s'en étonner? Ces productions si variées sont sorties des mêmes mains : Fouquet & van Eyck ont peint sur toile & sur bois aussi bien que sur vélin, & plus d'une de leurs œuvres ont été simplement transportées de l'une sur l'autre. Jusque dans l'exécution de leurs travaux essentiels, les peintres de l'âge suivant semblent poursuivis encore par le souvenir des brillantes enluminures qui ont éveillé en eux la première notion de l'art, alors qu'ils feuilletaient les vieux missels des églises & des bibliothèques privées.

LES

ORIGINES DE L'IMPRIMERIE

LES
ORIGINES DE L'IMPRIMERIE.

Comme l'origine de la peinture, celle de l'imprimerie remonte à une époque beaucoup plus ancienne qu'on ne le croit généralement. La date où, pour la première fois, on eut l'idée de multiplier l'image ou l'écriture par des moyens artificiels, se perd en quelque sorte dans la nuit des temps.

Un mode d'impression, qui ne ressemble en aucune manière à l'imprimerie telle que nous la pratiquons aujourd'hui en Europe, était en usage en Extrême-Orient bien avant les premiers essais connus des Occidentaux. On gravait, à l'envers, sur des blocs ou planches de bois, des textes sacrés ou des images; après les avoir enduits de noir & les avoir frottés ou pressés à la main, on reproduisait isolément ces blocs, qui formaient ainsi des pages imprimées d'un seul côté & qu'on réunissait ensuite dos à dos pour en faire un volume.

Ce procédé primitif ne permettait pas une reproduction rapide & indéfinie comme la véritable imprimerie, mais il présentait déjà un avantage sensible sur les livres copiés à la main.

Des passages d'auteurs chinois, cités par M. N. Rondot, nous apprennent que l'on aurait commencé à imprimer de cette façon en Chine, vers la fin du vi^e siècle de notre ère (de 581 à 593).

De 960 à 1278, sous la dynastie des Soung, l'imprimerie tabellaire, c'est-à-dire l'impression faite sur des tablettes ou blocs de bois, prit un grand développement & atteignit presque à la perfection.

M. Collin de Plancy cite une réimpression du *Tripitaka,* ou grande collection des livres sacrés du Bouddhisme, faite au xve siècle sur des planches gravées au xe. Cet ouvrage comprend 6,589 fascicules. Il est conservé à Tokio, ainsi que d'autres planches gravées au xie siècle.

Lors du voyage qu'il fit en Chine en qualité d'envoyé du Gouvernement français, M. N. Rondot, dont nous venons d'invoquer le témoignage, a vu & tenu en main des dessins & des inscriptions gravées sur bois, exécutés à la fin du XIIᵉ siècle. Ces planches étaient assez bien conservées pour qu'on ait pu en faire de nouvelles épreuves sous ses yeux.

On prétend que l'impression en caractères mobiles aurait été pratiquée en Corée dès 1317, mais on ne possède à l'appui de cette assertion aucun ouvrage de cette période.

Il existe des livres gravés de 1317 à 1324. Le Musée Britannique à Londres possède deux livres de ce genre, dont l'un est daté de 1368. Le *Livre sacré des litanies de Bouddha,* qui figura à l'Exposition universelle de 1900, fut également gravé sur des planches de bois & porte la date de 1361. Un autre livre petit in-quarto, que l'on put également contempler à la même Exposition, était imprimé sur un papier mince & jaunâtre, & avait pour titre : *Le Traité édifiant des Patriarches raſſemblés,* par le bonze Paik-Sun. A la dernière page, on lisait cette mention : *En 1377, à la Bonzerie de Heung-tek, district de Tchyang-t'jyou. Imprimé en caractères fondus.*

Un autre ouvrage enfin, en trois volumes petit in-folio allongé, était intitulé : *Planches figurant les belles actions dues à l'observation des trois Devoirs fondamentaux.* Il a été imprimé en 1484, par ordre du roi Syei-Tjong, avec des types mobiles de cuivre. On y remarquait des figures sur bois ressemblant à certaines illustrations de livres imprimés à Lyon au xve siècle.

En 1403, un décret de Htai-Tjong, troisième souverain de la dynastie régnante, ordonna de fondre 100,000 types de cuivre. Tous ses successeurs s'intéressèrent à cette invention. Jusqu'en 1544, on trouve mention de onze décrets royaux relatifs à la fonte de caractères ou à l'impression d'ouvrages au moyen de caractères mobiles.

Après 1544 & jusqu'en 1770, le silence se fait sur ce genre d'imprimerie, auquel on semble préférer l'impression fixe ou tabellaire sur planchettes de bois. Il est bon de dire, en passant, que les caractères coréens, qui sont les mêmes que ceux des Chinois, quoique la langue soit différente, comprennent plus de 40,000 signes divers & que, même en les réduisant conventionnellement à leur plus simple expression, la composition en types mobiles devait exiger un temps considérable pour la recherche de la lettre nécessaire au texte, & l'on avait plus tôt fait de la graver. C'est, selon nous, la principale cause pour laquelle l'imprimerie en caractères mobiles n'a pu prendre en Extrême-Orient le développement qu'elle était appelée à prendre en Occident avec l'alphabet latin, infiniment moins compliqué.

En 1770, le roi Yeng-Tjong fait revivre l'imprimerie en types mobiles en prescrivant la fonte de 300,000 caractères de cuivre, qui servirent jusqu'en 1797 à l'impression de nouveaux ouvrages. Ces caractères ont été remplacés depuis par des caractères de plomb ou de métal ordinaire d'imprimerie.

Il paraît aussi que l'impression tabellaire ou xylographique n'était pas tout à fait inconnue des Arabes, plus rapprochés de nous. M. le professeur Dziatzko, bibliothécaire de l'Université de Gœttingue, a donné tout récemment la reproduction phototypique d'un fragment

du Coran imprimé par ce procédé rudimentaire au Xe siècle.

En Europe, l'impression tabellaire a commencé par les cartes à jouer, vers la fin du
XIVe siècle. C'étaient de simples moules gros-
sièrement taillés dans le bois; on les appliquait
sur le papier ou le parchemin, que l'on colo-
riait ensuite.

Puis on a gravé sur des planches de bois des
images de sainteté & de dévotion pour les pè-
lerinages. L'impression s'obtenait en frottant
avec un tampon de drap une feuille de papier
placée sur la gravure enduite d'une couleur
noire ou bistre à la détrempe. C'était à peu
près le même procédé que celui des Orientaux,
avec la différence que le papier de Chine, étant
plus absorbant, se prêtait mieux à l'impression
que le papier de chiffon, plus dur & plus con-
sistant, fabriqué en Europe. C'est alors qu'on
dut avoir l'idée de l'amollir en l'humeĉtant
légèrement, car il eût été impossible d'imprimer *à sec* sur le papier de cette époque, qui
était rugueux & épais comme de la carte.

On exécuta à l'aide de ce procédé des suites
de figures de la Bible connues sous le nom de

Bible des pauvres, parce qu'elles étaient destinées au peuple, qui n'avait pas le moyen d'acheter les livres manuscrits réservés aux gens riches.

On connaît encore d'autres ouvrages du même genre, tels que les *Figures de l'Apocalypse;* l'*Ars moriendi,* ou l'Art de bien mourir, & le *Speculum humanæ salvatio.nis,* ou Miroir de la Rédemption humaine.

On imprima en Hollande des grammaires latines à l'usage des enfants, appelées des *Donats,* du nom d'un grammairien latin qui en était l'auteur & dont on reproduisait le texte. Les impressions furent d'abord tabellaires, c'est-à-dire exécutées avec des planches de bois fixes, comme en Chine. On les a appelées aussi *xylographiques,* de deux mots grecs (ξύλον «bois» & γράφειν «écrire») qui signifient littéralement «écriture sur bois».

On ajouta ensuite aux planches d'images des *légendes* ou explications qui furent d'abord gravées en relief à même sur le bloc de bois. Puis, afin de faire servir les mêmes figures dans d'autres ouvrages, au lieu de les regraver en entier, on remplaça les inscriptions ou

7.

explications par d'autres qui furent imprimées au-dessous en caractères mobiles de bois, de plomb, d'étain ou de laiton, à mesure qu'on trouvait des perfectionnements dans la pratique. Tous ces livres étaient *anopiſthographiques*, c'est-à-dire imprimés d'un seul côté en feuilles réunies dos à dos. C'était l'enfance de l'art, & l'Europe n'était pas alors plus avancée que les Coréens du fond de l'Asie.

Un bibliographe anglais, M. Robert Curzon, a émis l'opinion que l'idée de l'impression tabellaire ou xylographique a pu être suggérée aux Hollandais à la vue de livres chinois imprimés, que d'anciens voyageurs, dont les noms nous sont inconnus, auraient rapportés de ces contrées lointaines.

Le *même auteur mentionne un certain Panfilo Castaldi, de Feltre près Venise, qui,* vers la fin du XIVᵉ siècle, aurait intercalé dans des placards d'édits, de bulles de papes & autres documents manuscrits, des lettres initiales imprimées par un procédé qui lui était particulier. Selon lui, des planches de bois gravées que Marco Polo, le célèbre voyageur vénitien, aurait rapportées du royaume de Cathay, comme on appelait alors la Chine, en auraient donné l'idée à Castaldi.

Les Italiens, par excès de patriotisme sans doute, ont songé à élever une statue à Panfilo Castaldi, dont ils ont voulu faire un inventeur de l'imprimerie : supposition gratuite, car bien avant lui on se servait de moules en bois figurant la lettre; on employait même des lettres à tige comme en ont les relieurs pour pousser les titres sur le dos des volumes. Ces lettres, enduites de matière colorante, étaient appliquées par une pression plus ou moins forte dans les espaces réservés pour les initiales de début dans les manuscrits. Il paraît que, de ce chef, nous n'avons rien à envier aux peuples orientaux.

M. Curzon cite deux livres de ce genre qui remonteraient au ve ou au vi^e siècle. L'un est l'*Évangéliaire*, traduit en langue mœso-gothique par Ulfilas, écrit en lettres d'or & d'argent & connu sous le nom de *Codex argenteus*, que l'on conserve à la bibliothèque de l'université d'Upsal. L'autre serait un magnifique manuscrit des *Évangiles*, qui appartient à la bibliothèque du chapitre de Vérone. M. Rober. Curzon, en l'examinant attentivement, a été amené à faire les observations suivantes : Dans quelques lettres le vélin a été percé ou coupé par les arêtes trop vives d'un corps métallique; en outre, certaines initiales, appliquées à chaud, paraissent brûlées; d'autres, par suite d'une trop forte pression, ont vacillé sur leur base & sont brouillées.

Un savant italien, l'abbé Vincenzio Requeno, a écrit une dissertation pour démontrer que ce procédé, qu'il nomme *chirotypographie,* c'est-à-dire «impression à la main», était en usage en Italie au moyen âge; entre autres exemples, il cite une Bible manuscrite datant du xᵉ siècle, qu'il a vue dans la bibliothèque du cardinal Barberini, à Rome, & dont les initiales lui ont paru avoir été imprimées à la main.

En France, nous avons des exemples analogues. Deux manuscrits du xiiiᵉ siècle provenant de la bibliothèque de l'abbaye de Vauclerc, & conservés aujourd'hui à la bibliothèque de Laon sous les numéros 106 & 427, présentent la particularité d'initiales en couleurs obtenues à l'aide de lettres mobiles de bois ou de métal gravées en relief comme des lettres d'imprimerie.

Il y a loin de là à l'invention de l'art typographique. Si l'on admettait cette théorie, on risquerait fort de s'égarer & l'on pourrait dire que les Romains, eux aussi, ont été, dans une certaine mesure, les précurseurs de Gutenberg. Il existe, en effet, dans plusieurs cabinets d'antiquités, des sceaux ou cachets de bronze, plus ou moins grands, sur lesquels sont gravés en relief, au burin, des caractères, des noms propres, des qualifications. Il est tel de ces cachets qui a jusqu'à 6 & 7 centimètres de longueur & qui porte deux ou trois lignes de caractères. Les lettres ont été gravées de droite à gauche, à rebours, de manière à reparaître dans leur vrai sens, en déposant sur leur relief une couleur ou une encre quelconque afin d'obtenir leur reproduction au moyen d'une pression manuelle.

Nous n'avons pas d'ailleurs à nous arrêter à ces subtilités d'interprétation. L'imprimerie, telle que nous la comprenons, ne consiste pas seulement dans une empreinte quelconque sur le papyrus, le parchemin ou le papier, mais aussi & surtout dans la reproduction rapide & illimitée de l'écriture ou de la parole. C'est, comme l'a défini Brébeuf, un poète du temps de Louis XIV,

> *..................... un art ingénieux*
> *De peindre la parole & de parler aux yeux*
> *Et, par des traits divers, des figures tracées,*
> *Donner de la couleur & du corps aux pensées.*

L'impression en caractères mobiles n'a guère été pratiquée que vers le milieu du xve siècle.

Des essais avaient cependant été faits à Avignon dès 1444. Un certain Procope Waldfogel, orfèvre de Prague, homme d'un esprit inventif, était venu se fixer dans cette ville. Il apportait avec lui divers secrets d'arts & métiers, dont le plus important était l'art d'écrire artificiellement (*ars scribendi artificialiter*), ainsi dénommé dans des documents authentiques du temps, découverts par l'abbé Requin.

Il est question, en effet, dans des contrats passés par-devant notaire, de «lettres, bien & justement taillées en fer selon la science & pratique de l'écriture mécanique», & d'engins de bois, d'étain & de fer, sans autres détails.

Waldfogel prend des associés qui lui apportent les fonds nécessaires pour compléter son outillage. Mais ses essais ne le conduisirent sans doute pas à des résultats pratiques, car il disparaît au bout de deux ans en laissant des dettes, & son matériel est vendu à un serrurier.

Des imprimeurs d'images s'étaient constitués en confrérie avec les enlumineurs & les sculpteurs dès 1417, à Anvers, ainsi qu'il résulte de recherches communiquées à l'Académie de Belgique par M. L. de Burbure, & à Bruges, en 1451, d'après des documents d'archives découverts par M. Scourion.

Pareil fait a été relevé à Augsbourg en 1417 & à Ulm en 1441. On a les noms de quelques-uns de ces artisans, tels que Wilhelm Kegel à Nordlingen en 1428 & Henne Cruse à Mayence en 1440.

Il y a des dates encore plus anciennes pour la France. Dans un document d'archives, un nommé Barthélemy de Pistorie est qualifié d'*imprimeur* à Limoges en 1381 & il n'est pas le seul, car M. Claudin, qui l'a mentionné dans ses *Origines de l'Imprimerie à Limoges,* cite encore

Jean Faure ou Fabri de Lavillate, qui exerçait au même titre en 1441. Ces prétendus imprimeurs ne sont pas des typographes, mais des *imagiers* ou des cartiers. Ces derniers figurent d'ailleurs à partir de 1444 dans les rôles d'impositions de métiers de la ville de Lyon, sous la dénomination de *tailleurs de molles* ou de moules *de cartes*.

Gutenberg! Tel est en réalité l'homme que la tradition populaire & les faits désignent comme le véritable inventeur de l'art pratique de l'imprimerie.

Gutenberg commença ses recherches à Strasbourg, mais ses premiers essais furent infructueux. Étant venu ensuite se fixer à Mayence, il continua en secret ses expériences. Il fut enfin assez heureux pour surmonter les difficultés matérielles qui l'avaient arrêté jusqu'alors.

La presse remplaçait le frotton des cartiers; une encre moins fluide & plus consistante, ne faisant plus baver les contours de la lettre & les traits de la gravure, était trouvée. Les caractères en métal résistant, fondus dans des moules, venaient s'aligner régulièrement au lieu & place des lettres en bois ou sculptées une à une dans le bois ou le plomb. Plusieurs pages composées & maintenues dans des ais ou châssis s'imprimaient à la fois du même coup de presse. Un repérage parfait permettait d'imprimer les autres pages correspondantes au verso. Le problème si longtemps cherché de la multiplication illimitée du livre était enfin résolu. L'imprimerie était inventée.

Ce fut une véritable révolution; le moyen âge, sur le point de disparaître, laissait entrevoir l'aurore de la Renaissance & des temps modernes. La presse allait devenir le levier le plus puissant & conquérir le monde.

On a cherché à ternir la gloire de Gutenberg en prétendant qu'il n'avait rien inventé & que l'imprimerie était connue longtemps avant lui. Mais un témoignage formel, découvert il y a quelques années seulement, le proclame l'inventeur de la véritable typographie & coupe court à toute discussion.

Les premiers imprimeurs venus des bords du Rhin à Paris, en 1470, Ulrich Gering, Michel Friburger & Martin Crantz, déclarent en pleine Sorbonne que c'est un nommé Jean, dit *Gutenberg,* qui autrefois, le premier de tous, aux environs de Mayence, a inventé l'art de l'imprimerie, avec lequel ils font présentement des livres, non avec la plume, mais avec des lettres de métal.

Il y a la différence du jour à la nuit entre les procédés plus ou moins informes dont on s'était servi avant lui & ceux de la typographie proprement dite; celle-ci est devenue un art véritable, que Gutenberg a su mettre au point & qui va sans cesse en se perfectionnant.

En 1457 paraissait à Mayence le texte latin du *Psautier,* premier livre imprimé en caractères mobiles de fonte portant une date certaine & à la fin duquel on déclarait, à la face du monde civilisé, que le présent volume avait été façonné comme dans un moule, sans aucun trait de plume, par une ingénieuse invention d'imprimerie & d'assemblage de caractères.

On avait imprimé par le même procédé une Bible qui fait encore aujourd'hui l'admiration des connaisseurs. C'est également au moyen de l'impression typographique que se fabriquaient, dès 1455, certains billets d'indulgence, vendus aux fidèles à beaux deniers comptants, comme on vend de nos jours des billets de loterie ou des bons d'exposition.

L'annonce de la découverte de cet art merveilleux de l'imprimerie, tenu jusqu'alors dans l'ombre & le mystère, émut le roi de France Charles VII, qui résolut sans plus tarder d'en faire profiter le pays. Le 4 octobre 1458, il envoya à Mayence Nicolas Jenson, de Sommevoire en Champagne, graveur de la Monnaie de Tours, avec mission secrète de prendre des informations sur l'art nouveau & de dérober subtilement l'invention. Une fois arrivé à Mayence, Jenson chercha à pénétrer dans les ateliers de typographie. Ce n'était pas chose facile, car le secret était bien gardé. Nul n'était admis sans avoir juré sur les Évangiles de ne rien révéler à qui que ce fût de ce qu'il apprendrait. Waldfogel, en vue de se garantir de toute indiscrétion, avait fait de même à Avignon quatorze ans auparavant (en 1444), à l'égard de ses associés qui lui baillaient des fonds pour ses expériences d'écriture artificielle. Jenson se soumit à cette clause rigoureuse, espérant bien, tôt ou tard, être relevé de son serment.

Après avoir passé trois années à apprendre le métier dans tous ses détails, Jenson s'apprêtait à rentrer en France lorsqu'il reçut coup sur coup la nouvelle de la maladie du roi, son protecteur, & de sa mort, survenue le 21 juin 1461.

S'étant renseigné sur les dispositions du nouveau monarque, il apprit que Louis XI faisait maison nette & n'avait, suivant l'expression d'un historien, que trop de penchant à détruire l'ouvrage de son père.

Étant données ces circonstances, l'ancien graveur de la Monnaie royale jugea prudent de rester à Mayence comme simple ouvrier, en attendant une occasion favorable pour partir. Elle ne tarda pas à se présenter. Dans la nuit du 28 octobre 1462, la ville de Mayence fut prise & livrée au pillage par les troupes d'Adolphe de Nassau. Ces désordres eurent pour résultat immédiat d'arrêter les travaux d'imprimerie; les ateliers furent fermés. Les ouvriers, déliés de leur serment pour force majeure, se dispersèrent & allèrent chercher fortune en se répandant par toute l'Europe.

Nicolas Jenson se trouva probablement

parmi ceux qui, remontant le Rhin, se rendirent en Italie, trouvèrent asile, vers 1464, au monastère de Subiaco, dans la campagne de Rome, & montèrent la première imprimerie en Italie.

Jenson vient ensuite à Venise, centre déjà important du commerce de livres imprimés, & après avoir travaillé dans l'atelier de Vindelin, de Spire, qui avait introduit l'imprimerie dans la cité des doges, il s'établit définitivement en cette ville comme maître imprimeur.

Cette date de 1470 coïncide avec celle de l'arrivée des premiers imprimeurs à Paris.

Louis XI, absorbé par les détails de sa politique, n'avait pu songer à l'imprimerie, qu'il protégea plus tard, lorsqu'il en reconnut les avantages.

Parmi les maîtres faisant partie de la Sorbonne, deux professeurs, Jean de La Pierre & Guillaume Fichet, de leur initiative privée & dans l'intention de mettre à la portée du plus grand nombre & des moins favorisés de la fortune les moyens de s'instruire, firent venir des bords du Rhin trois compagnons pour

imprimer des livres à l'usage des étudiants;
c'étaient : Michel Friburger, de Colmar; Ulrich Gering, de Constance, & Martin Crantz,
de Stein.

L'atelier fut établi au sein de la vieille Sorbonne, dans l'appartement même de Jean de
La Pierre, qui venait d'être nommé prieur de la
maison.

L'outillage des premiers imprimeurs n'était
pas encombrant & se bornait à peu de chose :
une presse en bois & une seule sorte de caractères.

La presse mécanique à large surface n'a été
inventée que plus de trois siècles après. On
n'avait alors aucune idée des presses rotatives
devenues nécessaires aujourd'hui. On n'éprouvait pas non plus le besoin d'avoir par devers
soi cette multitude de caractères de toutes
grandeurs, & encore moins d'employer ces
nombreux types de fantaisie qui composent le
matériel indispensable à une imprimerie moderne bien montée. Il suffisait de posséder un
caractère assez gros pour pouvoir être lu facilement.

Chaque imprimeur gravait lui-même ses

caractères, en leur donnant une forme d'écriture en usage; il les fondait à sa guise & selon ses besoins.

Comme dans les manuscrits, les premiers livres imprimés commençaient au haut de la page. On ne faisait pas encore de titres sur un feuillet d'en-tête isolé.

Au commencement & en tête des chapitres était ménagé un petit carré vide pour tracer, soit à la plume, soit en couleur au pinceau, les initiales de début.

La première page était, la plupart du temps, décorée d'une bordure délicatement peinte en miniature, afin de compléter l'illusion d'un livre manuscrit pour la fabrication duquel l'imprimeur se substituait au copiste. C'est ce que l'on dénommait alors «le nouvel art d'écrire en lettres de métal», & c'est de là qu'est venue l'étymologie du nom de *typographe,* des deux mots grecs : τύπος « type, empreinte » & γράφειν « écrire ».

Le premier livre imprimé à Paris a été fait dans ces conditions.

Accueillis avec empressement par les Parisiens, toujours avides de progrès & hospitaliers par excellence, les imprimeurs étrangers témoignèrent leur reconnaissance en dédiant le premier produit de leur industrie naissante à la Ville de Paris, qu'ils appellent la *Ville-Lumière*, surnom qui lui est resté depuis :

«De même, disent-ils, que le Soleil répand partout la lumière, ainsi toi, Ville de Paris, capitale du royaume, nourricière des Muses, tu verses la science sur le monde.

«Reçois donc en récompense cet art d'écrire, presque divin, qu'inventa l'Allemagne.

«Voici les premiers livres produits par cette industrie sur la terre de France & dans tes propres édifices.

«Les maîtres Michel, Ulrich & Martin les ont imprimés & ils t'en feront encore d'autres.»

Cette promesse fut tenue. De 1470 à 1473, les imprimeurs étrangers ne produisirent pas moins de vingt-trois volumes, tous composés de textes latins.

De grands personnages, des princes, des officiers de la couronne s'intéressaient aux imprimeurs de la Sorbonne. Le prévôt de Paris, Robert d'Estouteville, chambellan de Louis XI,

les honorait de sa protection. Pendant un séjour qu'il fit à Paris en 1472, Jean, duc de
Bourbon & d'Auvergne, pair & connétable
de France, vint visiter leur modeste atelier, leur
adressa des encouragements & ne les quitta pas
sans leur laisser des marques de sa munificence.

Le 22 avril 1472, Martin Crantz, Ulrich
Gering & Michel Friburger présentent collec-
tivement au roi Louis XI le *Miroir de la vie humaine,* de Rodriguez, évêque de Zamora, dont
ils venaient d'imprimer le texte latin.

La lettre accompagnant le volume a été re-
trouvée au Musée Britannique de Londres,
par M. Claudin. C'est un document de la plus
grande importance pour l'histoire de la typographie française; il prouve, en effet, d'une
manière décisive que Louis XI, loin de prendre
ombrage de l'imprimerie, comme on le croyait
généralement, l'a au contraire encouragée &
protégée.

«Vous avez été si bienveillant pour nous,
disent les imprimeurs, que nous ne pourrons
jamais assez faire pour vous remercier comme
il conviendrait.

«On nous traite ici à Paris, ville capitale

de votre royaume, non comme des gens du pays, des habitants ou de simples hôtes de passage, mais en concitoyens jouissant de toutes les libertés. Ce traitement est si doux, que nulle part nous ne saurions trouver une plus grande liberté que celle dont nous jouissons à présent, grâce à vous, nous qui, soutenus uniquement par votre clémence, avons le plus vif désir de contribuer à l'illustration de votre règne, en imprimant des livres.

«Quoique nous ne soyons pas encore en état de le faire assez dignement pour vous plaire, nous ferons de notre mieux, car nous sommes animés de la meilleure volonté.

«Que peuvent faire qui puisse être agréable à un prince souverain, des étrangers, d'humbles artisans faisant profession d'art typographique? Que pourrons-nous offrir à un roi si puissant, nous qui sommes pauvres?»

Deux ans après, Louis XI récompensait les imprimeurs en leur accordant des lettres de naturalisation.

En mai 1473, on les trouve établis à leur compte rue Saint-Jacques, à l'enseigne du *Soleil d'Or*. Là, donnant une plus grande extension à leur industrie, ils renouvellent leurs caractères. Ils avaient déjà formé des élèves.

Un an plus tard, deux ouvriers de leur atelier, César & Stoll, s'établirent dans la même rue Saint-Jacques, à l'enseigne du *Chevalier au Cygne.*

Puis ce fut le tour d'ouvriers français, qui ouvrirent un vaste atelier, à l'enseigne du *Soufflet Vert,* près du couvent des Jacobins, toujours dans cette même rue Saint-Jacques.

Un professeur éminent du collège de Navarre, Guillaume Tardif, à l'exemple des Sorbonnistes Jean de La Pierre & Fichet, prenait en main la direction littéraire de l'atelier & remplissait les fonctions de correcteur.

Tous les livres imprimés jusqu'alors à Paris étaient des ouvrages en latin. Ce fut un libraire parisien, du nom de Pasquier Bonhomme, qui, en 1476, imprima dans la capitale le premier livre en français : *Les Grandes Chroniques de France,* ou *Chroniques de Saint-Denis,* en trois gros volumes in-folio, furent exécutées dans l'atelier qu'il avait fait monter en son *hostel* de l'*Image*

Saint-Christophe, situé rue Neuve-Notre-Dame, au coin du marché Pallu.

Le caractère qui a servi pour imprimer cet ouvrage est une bâtarde reproduisant exactement l'écriture gothique des manuscrits français de l'époque.

Les deux tiers de la première page, qui commence le texte ont été laissés en blanc, afin de pouvoir y dessiner & peindre une miniature ou les armoiries du propriétaire du livre. On ne faisait pas encore usage, à Paris, de la gravure sur bois pour la décoration des volumes, & l'on s'adressait à l'enlumineur ou au miniaturiste, qui était alors l'auxiliaire obligé de l'imprimeur.

L'exemplaire du Musée Condé, à Chantilly, contient un dessin du temps, à la plume & au lavis, qui représente une bataille. Celui de la bibliothèque de l'Arsenal, à Paris, est décoré d'une miniature aux armes de son possesseur, Jean de Malestroit, seigneur de Derval & de Combourg en Bretagne, marié à Hélène de Laval, de l'illustre maison des Montmorency.

L'écu des Malestroit, aux hermines de Bretagne, avec la devise *Sans plus,* est soutenu, à droite & à gauche, par un homme & une femme sauvages, qui représentent le mari & la femme tenant chacun la bannière de leurs armes respectives ; il est placé au milieu d'un mamelon verdoyant complanté de petits arbres. Dans le fond, sur une hauteur & en perspective, on voit un château féodal avec ses tours, bâti sur un rocher & dominant la vallée.

Cet exemple de peintres & d'artistes complétant ainsi l'ensemble d'un livre imprimé, en le rehaussant par le dessin & la couleur, n'est pas le seul.

On connaît une traduction française de Valère Maxime, par Simon de Hesdin & Nicolas de Gonesse, en deux grands volumes in-folio, dans lesquels on a laissé, en tête de chaque chapitre, la place nécessaire pour des dessins ou des peintures à exécuter à la main. Presque tous les exemplaires contiennent des peintures en or & en couleurs, des dessins gouachés ou de petites aquarelles du temps. Ces illustrations ne sont pas copiées les unes sur les autres, d'après un modèle uniforme ; elles sont plus ou moins riches selon les exemplaires & présentent toutes des compositions différentes.

L'exemplaire qui a appartenu à Nicolas Moreau, seigneur d'Auteuil, & qui est conservé aujourd'hui à la Bibliothèque Sainte-Geneviève, est agrémenté, dans les marges, de bluets, de coquelicots & de fraises dans le style des enlumineurs parisiens. Les miniatures dont il est orné sont toutes de la même école.

La Bibliothèque nationale possède deux exemplaires de cet ouvrage, illustrés par des artistes différents : l'un est enrichi, au commencement, de fines miniatures qui forment comme autant de petits tableaux ; l'autre contient des dessins à la plume rehaussés de fines aquarelles aux couleurs savamment fondues. Ce sont de véritables œuvres d'art, comme on en voit dans les beaux manuscrits de l'époque.

C'est là ce que nous appellerons les livres *mixtes,* illustrés à la main avant l'application de la gravure sur bois & qui marquent une période de transition.

Avec l'imprimeur Jean Du Pré commence une nouvelle ère pour la typographie française.

Jean Du Pré est le premier typographe parisien qui ait introduit la gravure dans les livres. Le 22 septembre 1481, il publie un Missel de l'Église de Paris, dans lequel on remarque deux grandes gravures sur bois : le *Père éternel* & le *Chriſt en croix,* placées au Canon de la Messe. Le 28 novembre suivant, il termine un Missel de Verdun, qui contient des gravures sur bois & sur métal, en relief, imitant les ornements des manuscrits.

A la fin du Missel de Limoges, imprimé en 1483, Jean Du Pré nous apprend qu'il avait avec lui d'habiles ouvriers vénitiens, connaissant à fond tous les secrets de l'art typographique. Ce sont ces ouvriers d'élite qui ont dû, sous sa direction, travailler à la fonte des caractères ainsi qu'à la gravure, faite d'après les dessins des maîtres français, des planches d'illustrations des premiers livres de Du Pré. Il est même fort possible que ce dernier ait appris son art en Italie, où l'on imprimait déjà des livres avec gravures, & il peut avoir été l'élève de Nicolas Jenson, qui a illustré le nom français à Venise & formé d'excellents typographes, entre autres les Le Rouge, de Chablis.

Jean Bonhomme venait de succéder à son père, en 1484; il comprit bien vite l'avantage qu'il y aurait à introduire la gravure dans les livres au lieu de les faire illustrer à la main, comme l'avait fait son père pour *Les Grandes Chroniques de France.*

Le 12 mai 1484, il publie l'*Histoire de la destruction de Troye la Grant,* mystère dramatique à personnages, illustré d'un grand nombre de figures sur bois, pleines de vie & de mouvement, dessinées par un véritable artiste.

L'enluminure disparaît graduellement du livre. On trouve encore quelques coloris isolés & partiels, destinés à mettre en relief certains effets de lumière de la gravure sur bois, comme on en voit à la première page du seul exemplaire connu de la *Destruction de Troye,* qui est conservé à la Bibliothèque royale de Dresde.

Les livres latins destinés aux étudiants ou aux gens lettrés n'avaient nul besoin de l'attrait nouveau des gravures, auquel d'ailleurs ne se prêtait guère le texte; mais, pour les livres destinés à être mis dans les mains du plus grand nombre, il était nécessaire de parler aux yeux par l'image.

Jean Bonhomme ne s'en tint pas à un premier essai. Le 15 octobre 1486, il faisait paraître le *Livre des profits champêtres & ruraux,* à l'usage des propriétaires des biens de campagne & des paysans, ouvrage traduit de Pierre de Crescens & illustré de plusieurs gravures intéressantes, représentant les occupations des champs, les soins à donner à un domaine rural, les plaisirs de la chasse.

Un prêtre qui s'était établi imprimeur à Paris, Guy Marchant, commença par imprimer, en 1483, au Champ-Gaillard, derrière le collège de Navarre, de petits traités sur la manière de bien vivre & de bien mourir.

Deux ans après, il développait cette idée morale en publiant les illustrations de la *Danse macabre,* d'après les peintures du cimetière des Innocents, dans lesquelles étaient représentées d'une façon réaliste les diverses classes de l'échelle sociale. Cette espèce de miroir, qui reflétait, sous toutes ses faces, l'égalité des conditions, eut un succès énorme dans les masses. Guy Marchant en fit plusieurs éditions qui, à chaque tirage, étaient augmentées de sujets nouveaux.

Les personnages que, dans ces images, la Mort appelait brutalement à elle avaient une physionomie individuelle bien déterminée, formellement exprimée. Celui qui inventa ces figures était, à n'en pas douter, un peintre de mérite.

La *Danse macabre* se composait primitivement de celle des hommes; on y ajouta celle des femmes, qui est d'un autre artiste.

Guy Marchant imprima ensuite le *Calendrier des Bergers*, espèce d'encyclopédie de connaissances météorologiques, agricoles, hygiéniques & morales, non seulement pour les bergers, mais encore pour les gens de tous états. Il en fit aussi plusieurs éditions, toutes illustrées plus ou moins abondamment.

Le *Calendrier des Bergers* fut suivi du *Calendrier des Bergères*, autre livre illustré qui ne le cède en rien au précédent & dont il formait en quelque sorte le complément.

Toutes ces illustrations sont empreintes d'un grand sentiment de vérité & caractérisent bien l'esprit français.

Un ancien calligraphe & miniaturiste, Pierre Le Rouge, qui était allé apprendre l'art typographique à Venise, après avoir débuté modestement dans son pays natal, à Chablis, en 1478, vint s'établir à Paris vers 1485. A peine arrivé dans la capitale, il fait ses preuves & est nommé imprimeur du Roi.

En juillet 1488, il publia le premier volume de *La Mer des Histoires,* livre illustré, d'allure majestueuse, rempli de grandes & de petites figures sur bois, avec des bordures artistement dessinées, des ornements d'une conception vraiment originale, des initiales rappelant les caprices de la plume des calligraphes & du pinceau des enlumineurs.

Sept mois après paraissait le second volume tout étincelant d'art français.

On y voit une grande lettre L d'allure superbe.

Une lettre S, formée de dragons abouchés, est des plus remarquables.

Une autre lettre, l'initiale P, représente l'auteur écrivant son livre.

La grande planche en deux compartiments, qui rappelle le *Baptême de Clovis* & la *Bataille de Tolbiac,* est considérée par un écrivain d'art, M. Georges Duplessis, comme une des plus précieuses productions de la gravure sur bois en France au xvᵉ siècle.

De petites gravures représentant un professeur faisant un cours aux étudiants de l'Université & un prédicateur en chaire sont curieuses à observer comme scènes de mœurs de l'époque.

D'autres illustrations nous montrent des détails de bâtisse. Ces planches sont intéressantes pour l'histoire des métiers, car elle nous donnent la représentation fidèle d'un chantier de construction au xvᵉ siècle. On voit à l'œuvre le terrassier, le tailleur de pierres & le maçon, avec leurs outils au milieu desquels figure la brouette, dont on attribue généralement l'invention à Pascal & qui était en usage deux siècles auparavant, comme on en a ici la preuve graphique.

Dans la série des petites planches, celles qui ont trait à la vie du Christ & de la Vierge sont entourées de bordures de fleurs, d'oiseaux & de grotesques, gravées sur cuivre en relief. Les planches elles-mêmes sont tellement fines qu'il est douteux qu'elles aient été gravées sur bois : elles paraissent avoir été gravées plutôt sur métal d'après le même procédé.

Deux pages placées en face l'une de l'autre, en tête desquelles on voit, d'un côté, *Pharaon englouti avec son armée dans la mer Rouge,* & de l'autre, la *Consécration d'Aaron,* donnent, avec leurs bordures fantastiques, une idée du goût & du style qui ont présidé à l'exécution typographique de l'ouvrage.

Tout le monde est d'accord sur le mérite artistique de *La Mer des Histoires,* que l'on considère comme le plus beau livre français illustré du xvᵉ siècle. Bien que certaines gravures figurent plusieurs fois dans le corps de ces deux volumes, ce n'en est pas moins un véritable chef-d'œuvre, si l'on se reporte à l'époque où il a paru. L'art du miniaturiste a passé d'un seul coup dans le domaine du livre imprimé.

Un exemplaire de choix de *La Mer des Histoires,* imprimé sur vélin & rehaussé de légères enluminures faisant ressortir les tailles de la gravure, fut préparé par l'imprimeur lui-même & présenté au roi Charles VIII. L'exemplaire royal existe encore ; on peut l'admirer dans les vitrines de la galerie Mazarine, à la Bibliothèque nationale.

Jean Du Pré, qui avait été l'initiateur de ce

mouvement artistique, n'était pas resté inactif pendant ce temps-là. Sa réputation d'habile typographe grandissait & s'était répandue au dehors. En 1482, Pierre Plumé, chanoine de Chartres, désirant faire imprimer la liturgie de son église, n'hésite pas à le faire venir à Chartres & l'installe dans sa propre maison du cloître de la cathédrale.

En 1486, Jean Du Pré était appelé à Abbeville par un riche & puissant personnage & y imprimait *La Cité de Dieu,* de saint Augustin, traduite par Raoul de Presles, & dont les illustrations avaient été dessinées & gravées à Paris, dans l'atelier du même Jean Du Pré, à l'enseigne des *Deux Cygnes,* près de Saint-Séverin.

Entre temps, Jean Du Pré avait fait pour le chapitre de Reims le placard du Grand Pardon de Notre-Dame. C'est la première affiche qui ait été imprimée en France pour être placardée à la porte d'une église. En tête de cette pièce, on voit une figure de la Vierge assise sur son trône & tenant sur ses genoux l'enfant Jésus ; au milieu, la tiare pontificale avec les clefs de saint Pierre, & à gauche, l'écu royal aux trois fleurs de lis de France. Cette gravure, largement dessinée, n'est pas sans mérite.

En 1483, Jean Du Pré faisait paraître le Missel de Limoges, dont l'évêque Jean Barton de Montbas lui avait fait la commande. C'est dans ce livre que l'éminent imprimeur nous apprend qu'il avait pour collaborateurs des ouvriers typographes vénitiens, habiles entre tous.

En février 1484, Jean Du Pré achevait à Paris l'impression de la traduction par Laurent de Premierfait du livre de Boccace, intitulé : *Les Nobles malheureux,* & illustré de figures sur bois, parmi lesquelles on remarque celle de la *Roue de la Fortune.*

En juin 1486, paraissaient les *Vies des Pères,* de saint Jérôme, avec des figures d'une exécution très remarquable. La gravure sur bois dans les livres avait déjà fait de grands progrès à Paris & n'était pas loin d'atteindre à la perfection.

Dans cet ouvrage parurent les premières lettres ornées, faites à Paris pour être tirées avec le texte, & qui furent gravées en vue de remplacer celles que traçaient à la plume ou au pinceau les calligraphes & les enlumineurs.

En mai 1488, Jean Du Pré commença à produire des livres d'Heures illustrés d'une façon artistique, destinés à remplacer les Heures manuscrites.

La lutte entre les miniaturistes & les imprimeurs s'accentuait chaque jour davantage. Jadis, seuls maîtres du terrain, les premiers voyaient se dresser tout à coup devant eux une concurrence redoutable, née de l'invention de l'imprimerie & des progrès de la presse. Entre les nouveaux procédés & l'ancien mode de travail, qui ne mettait en jeu que la main de l'homme simplement armée de la plume ou du pinceau, l'issue de la lutte ne pouvait être douteuse : les miniaturistes ne devaient pas tarder à succomber.

Les planches des Heures imprimées par Du Pré étaient gravées sur cuivre, comme il le déclare formellement en tête de la seconde édition, publiée neuf mois après & à laquelle il ajoutait de nouvelles illustrations.

Cet artiste a, d'ailleurs, toujours su donner un cachet particulier aux ouvrages sortis de ses presses. A deux ans de distance, en 1489 & 1491, il a publié des éditions de la *Légende dorée,* toutes deux différentes comme illustrations.

Il y a encore d'autres livres dans lesquels Jean Du Pré a montré sa supériorité comme artiste & comme typographe. Nous n'avons appelé l'attention que sur une partie de son œuvre. Jean Du Pré, qui a travaillé de son métier à Paris pendant une vingtaine d'années, mérite la place d'honneur dans le Livre d'or de la typographie française. C'est une des gloires méconnues de la France artistique.

Jean Du Pré compta un assez grand nombre d'émules. Nous ne rappellerons que les plus célèbres.

Caillaut fut associé d'abord avec Louis Martineau, de Tours; il imprima un grand nombre de livres dont quelques-uns sont ornés de figures, entre autres *Le Livre des Bonnes Mœurs,* daté de 1487, un *Psautier* latin de 1488, un *Manuel des Confeßeurs,* en latin, dans lequel les sept péchés capitaux sont figurés d'une manière originale, & un petit livre d'*Heures,* avec des illustrations très remarquables & des bordures sur cuivre tirées avec le texte, exactement comme chez Du Pré.

Martineau, associé d'Antoine Caillaut, est le premier imprimeur qui ait fait usage à Paris d'une marque typographique. En 1485, il prend pour marque les armes de la ville de Paris, qui lui avait donné l'hospitalité, à lui provincial. Caillaut prit de son côté l'image de son patron, saint Antoine.

Pierre Levet, imprimeur français, ouvrit en 1485 un atelier rue Saint-Jacques, près du Petit-Pont, en société avec Jean Alissot. Leur premier livre contient déjà deux figures dans le style français.

Le même imprimeur publie ensuite la traduction des *Commentaires de César,* par Robert Gaguin. Au commencement de l'ouvrage se trouve une planche qui représente l'auteur offrant son livre au roi de France.

Cette publication contient aussi des planches de sièges & de batailles qui avaient déjà servi dans l'*Histoire de la destruction de Troye,* & que Pierre Levet avait empruntées à son confrère Jean Bonhomme. A cette époque, en effet, régnait déjà une grande confraternité entre les imprimeurs français, qui se prêtaient ou se louaient leur matériel d'illustration.

Le 10 juillet 1486, Pierre Levet terminait l'impression de l'ouvrage de Pierre de Crescens sur les *Profits champêtres & ruraux,* que Jean Bonhomme devait publier plus tard, & l'illustrait, en tête de chaque chapitre, de petites figures naïves, représentant les différents travaux de la campagne.

C'est encore à Pierre Levet que l'on doit la première édition des *Cent Nouvelles nouvelles,* ce fameux recueil de contes gaulois attribué au roi Louis XI. Ce livre, également illustré, fut imprimé en 1486, de même que l'ouvrage cité plus haut de Pierre de Crescens, pour le compte d'Antoine Vérard, marchand libraire.

Le même imprimeur a publié aussi, en 1488, un Psautier illustré, en concurrence avec celui de Caillaut.

Pierre Levet est le premier qui ait imprimé les poésies du gentil Villon. Une édition de la *Farce de Pathelin* est également sortie de ses presses.

Ces deux livres sont ornés de figures sur bois. Dans le premier, on voit le portrait en pied de Villon, représenté la dague au côté, avec son geste gouailleur d'enfant perdu de Paris.

On y trouve aussi celui de l'évêque Thibaut, qui avait fait emprisonner le poète.

Les imprimeurs étrangers venus à Paris n'avaient imprimé que des livres latins dépourvus d'illustrations. L'élément français dominait; avec lui le sentiment artistique se faisait jour & se manifestait sous toutes les formes dans la production du livre.

L'imprimerie avait opéré une révolution économique. Il n'y avait guère que les princes & quelques riches seigneurs qui fissent encore exécuter, par d'habiles calligraphes & des artistes en renom, des manuscrits décorés de fines miniatures; mais c'était l'exception. Le plus grand nombre s'en tenait au livre imprimé, car il était interdit à la miniature, travail où la lenteur accompagne toujours la perfection, de suffire à l'instruction par l'image.

Si les riches & les privilégiés désiraient à bref délai un exemplaire de luxe, on trouvait moyen de les satisfaire en tirant des exemplaires sur vélin que l'on décorait de bordures peintes à la main & dont on enluminait les gravures; cela remplaçait le dessin du fond & servait de canevas à l'artiste. Le texte imprimé tenait lieu

de celui du copiste, on gagnait du temps &
l'on avait un livre aussi beau que le manuscrit
& à un prix bien inférieur.

C'est ainsi que plusieurs exemplaires du
Calendrier des Bergers & d'autres livres ont été
faits pour la bibliothèque du roi de France,
Charles VIII.

C'est surtout dans les livres d'Heures que ce
mode de décoration a été adopté. On avait ainsi
l'illusion d'un manuscrit à riches peintures qui
coûtait encore de grosses sommes, & les bons
bourgeois & bourgeoises de Paris allant à la
messe pouvaient s'offrir, dans de bonnes conditions, le luxe d'un livre de ce genre, enluminé plus ou moins richement suivant leur état
de fortune.

Le plus grand nombre se contentait d'exemplaires avec les illustrations tirées en noir. Ces
derniers livres sont devenus excessivement
rares; les véritables connaisseurs les préfèrent
de beaucoup aux autres, parce qu'il leur est
possible de mieux apprécier, dans tous ses
détails, le travail combiné du dessinateur & du
graveur, travail que l'enlumineur couvrait dans
les autres d'un badigeon plus ou moins épais.

L'image gravée tenait lieu de l'image peinte; c'était l'art populaire, propice à la plus grande propagation des figures par son alliance avec l'imprimerie & par son usage du papier, qui a créé à cette époque, pour la France, une distinction qu'aucun pays ne peut lui disputer.

Les livres d'Heures gothiques, imprimés à Paris par le libraire Simon Vostre, sont des merveilles d'art qui n'ont pas encore été dépassées & qu'on a cherché à faire revivre de nos jours [1].

Les pays étrangers ont été tributaires de la France pour ce genre d'industrie. L'Angleterre, les Flandres, la Suisse, l'Espagne & le

[1] M. C. Gauthier, libraire éditeur, successeur de M. Curmer, a publié récemment un livre vraiment remarquable. Il reproduit les *Heures à l'usage de Rome,* de Simon Vostre, imprimées en 1498, par Philippe Pigouchet. Les gravures & les cadres, taillés sur cuivre par M. Mouchon, sont d'une fidélité qui peut supporter la comparaison avec la photographie. L'Adoration des Mages & la Parabole du mauvais riche sont de véritables chefs-d'œuvre. Les caractères gothiques employés sont irréprochables, & l'œil le mieux exercé confond facilement la fonte moderne avec la fonte primitive. Les *Heures à l'usage de Rome* marquent une réelle étape dans cette partie de l'art typographique qui s'attache particulièrement à reproduire les livres des premiers imprimeurs français.

Portugal ont fait imprimer à Paris des livres d'Heures à l'usage de leurs diocèses respectifs, avec les illustrations de Simon Vostre, qui passaient alternativement d'un livre à l'autre.

Dans toutes les éditions de ces Heures, on voit comme première planche après l'almanach le *Martyre de saint Jean Porte Latine.*

Saint Jean était, en France, le patron des libraires & des imprimeurs, parce que, selon la tradition, il aurait subi le martyre à la Porte Latine, dans une chaudière d'huile, ingrédient de l'encre d'imprimerie.

L'art de l'illustration dans le livre était arrivé à son apogée à la fin du xve siècle.

Nous n'en finirions pas s'il nous fallait faire la nomenclature de tous les livres ornés de gravures qui ont paru en France à cette époque.

Nous avons dû nous borner à indiquer quelques-uns des principaux.

Des ateliers typographiques s'ouvraient de tous côtés à Paris. Le mouvement avait gagné la province. Des presses étaient établies dans plus de quarante villes de France.

Lyon, qui n'avait eu l'imprimerie que trois

ans après Paris, était son émule dans la publication des livres illustrés. Les livres français
jouissaient dans cette ville d'une préférence marquée. On y imprimait, en pleine liberté, loin
de la férule de l'Université & de la censure de
la Sorbonne, toute notre littérature populaire,
des histoires de chevalerie, des pièces de poésie,
des facéties, des gauloiseries & des joyeusetés
que l'on débitait aux populations environnantes
ainsi qu'aux étrangers fréquentant les foires de
Lyon & de Beaucaire.

A Rouen, on imprimait des livres de liturgie pour l'Angleterre & les pays du Nord, &
aussi pour les diocèses des Flandres, de la Bretagne & d'une partie des provinces du centre
de la France.

A Toulouse, on imprimait principalement
des livres de droit civil & de droit canon à
l'usage des étudiants & des praticiens, des
livres de théologie & quelques ouvrages en
espagnol.

A Troyes, on faisait des livres illustrés qui
ne le cédaient en rien à ceux de la capitale.

De 1470, date de l'introduction de l'art
de Gutenberg à Paris, jusqu'en 1500, près de

soixante imprimeurs se succédèrent, &, à la fin du xvᵉ siècle, plus de trente ateliers, grands ou petits, fonctionnaient concurremment. Une vingtaine d'éditeurs leur fournissaient du travail & alimentaient leurs presses, quand ils n'imprimaient pas de livres pour leur propre compte.

Les imprimeurs français formaient la majorité de ce corps de métier. C'est à peine si dans le nombre se trouvaient encore six ou sept étrangers. Quelques-uns, anciens étudiants de la nation germanique à l'Université de Paris, avaient préféré s'établir dans cette bonne ville plutôt que de retourner dans leur pays.

La plupart, à l'exemple des trois premiers compagnons typographes qui étaient venus initier les Parisiens au nouvel art, dans lequel ils avaient été bien vite dépassés, se firent naturaliser ou s'allièrent à des familles françaises, faisant ainsi souche de typographes.

Cette évolution est toute à notre honneur, &, comme l'a fort bien dit, il y a plus de deux siècles, Chevillier, bibliothécaire de la Sorbonne, le plus ancien historien de l'imprimerie parisienne, «si les Français n'ont pas eu la gloire d'inventer l'imprimerie & de l'avoir pratiquée les premiers, ils ont eu celle de s'être distingués les premiers dans cet art & de l'avoir porté jusqu'au point de sa dernière perfection ».

Nous avons eu la curiosité de dresser la statistique des ateliers typographiques qui ont été établis dans les autres grandes villes d'Europe au xvᵉ siècle; le résultat de cette comparaison numérique a été tout à l'avantage de Paris.

Le nombre des imprimeurs se décompose ainsi pour les principales villes de l'Allemagne & de l'Italie :

Mayence	11
Strasbourg	27
Augsbourg	23
Nuremberg	19
Cologne	33
Leipzig	11
Bâle	14
Rome	38
Milan	31
Florence	22
Naples	20
Padoue	13
Vicence	12
Bologne	46

Nous ne faisons pas état des autres pays, tels que l'Espagne, par exemple, qui ne comptait pas plus de dix imprimeurs pour les centres typographiques les plus importants de Barcelone & de Valence.

Nous ne mentionnons pas non plus l'Angleterre, qui, pour Londres & Westminster réunis, ne possédait juste que dix imprimeries, dont deux au moins étaient dirigées par des Français, Richard Pynson, Julien Le Notaire & Jean Barbier.

Les chiffres les plus élevés pour les Pays-Bas sont de onze imprimeurs pour Louvain, ville universitaire, & de dix pour Anvers.

Cette activité de la presse parisienne n'a été dépassée que par une ville, Venise, qui avait fait du livre imprimé un article de commerce & que ses vaisseaux transportaient partout, en Europe comme en Orient.

A l'époque où les premiers éditeurs parisiens publiaient des livres d'Heures illustrés, on ne connaissait pas encore les journaux. Ceux-ci ne firent leur apparition en France que cent cinquante ans plus tard. Pourtant le public était tenu au courant des fêtes populaires & des grands événements par des feuilles volantes qui se vendaient dans les rues & aux échoppes des libraires.

C'est ainsi qu'un imprimeur du nom de Pierre Le Caron, établi dans l'île de la Cité, entre le pont Notre-Dame & le Petit-Pont, mit en vente coup sur coup trois éditions de la Relation de l'entrée du roi Louis XII dans sa bonne ville capitale de Paris, avec la réception faite à l'Université, & le détail du souper officiel qui eut lieu au Palais, le lundi 2 juillet 1498.

Sur le titre de cette pièce, une gravure sur bois, dans le genre des images populaires d'Épinal, représente le cortège. Le roi, sur un cheval somptueusement caparaçonné, figure au premier rang, précédé des hérauts d'armes.

Nous signalerons ensuite le Programme du tournoi ou des joutes qui eurent lieu huit jours après dans la rue Saint-Antoine, près de l'hôtel des Tournelles; il y eut au moins deux éditions différentes de cette pièce. Une petite image, grossoyée à la hâte, se trouve sur le titre de la seconde édition. Le roi assiste dans une tribune à la lutte, & le seigneur de Rochepot est proclamé vainqueur.

Le Caron vendait en même temps le Récit de la cérémonie du Sacre, qui avait eu lieu à Reims un mois auparavant.

Il n'y avait pas alors de reporters de journaux pour donner les détails circonstanciés d'une fête ou d'une cérémonie publique. La transmission des nouvelles se faisait lentement, par des correspondances d'amis ou par des courriers voyageant à cheval & à petites journées. Une nouvelle qui paraissait imprimée un mois après était, par conséquent, encore toute fraîche.

Un autre imprimeur, Michel Le Noir, qui tenait boutique sur le pont Saint-Michel, alors bordé de maisons, s'était procuré aussi la relation du Sacre. Il en fit une édition concurrente. La date donnée pour le jour de la cérémonie n'est pas la même : Le Caron dit qu'elle eut lieu le 27 mai, & le correspondant de Le Noir l'inscrit au 18; on n'y regardait pas de si près pour l'exactitude des renseignements.

Ces feuilles de la rue, ces *canards*[1] comme on a pris l'habitude de les appeler de nos jours, avaient été précédées de différentes pièces, telles que : le Programme de l'enterrement de Charles VIII, les Complaintes sur la mort du roi & les Épitaphes en son honneur.

L'Ordre & la Marche des obsèques conduites par Pierre d'Urfé, grand écuyer, & le seigneur de La Trémoille, premier chambellan, ont été également suivis d'Épitaphes & de Complaintes.

Pierre Le Caron fut encore un initiateur dans un autre genre. C'est à lui que l'on doit le plus ancien indicateur des rues de Paris. Il le publia vers 1498 sous ce titre : *Les rues*

[1] On n'est pas bien d'accord sur l'origine du mot *canard* donné à ces sortes de publications populaires. On racontait autrefois des histoires extraordinaires sur la voracité de ces volatiles qui, dans leur gloutonnerie, étaient arrivés, dit-on, à se dévorer entre eux jusqu'au dernier, qui avait englouti dans son estomac tous ses congénères, comme on pourra en juger d'après le titre d'un pamphlet paru sous la Révolution : *Le Canard qui mange cinq de ses frères & est mangé à son tour par un colonel.* Le nom de *canard* a été donné depuis à toutes les histoires invraisemblables.

& églises de Paris, avec la dépense qui s'y fait chaque jour, le tour & l'enclos de ladite Ville avec l'enclos du bois de Vincennes, les épitaphes de la grosse Tour, la hauteur de la grande église de Paris avec le blason de ladite Ville & aucuns des cris qu'on crie par la Ville.

A Pierre Le Caron faisait concurrence Tréperel, imprimeur-libraire sur le pont Notre-Dame, à l'enseigne de l'*Image Saint-Laurent.* Celui-ci imprima également une édition des *Rues & Églises de Paris.* Au commencement de ce livret, on lit une nomenclature des vieilles rues du quartier des Halles, dont quelques-unes subsistent encore aujourd'hui, telles que la rue Saint-Denis, la rue Beaurepaire, la rue Tiquetonne (appelée *rue de Quicquetonne*), la rue Mauconseil (*Malconseil*), la rue de la Cossonnerie, la rue Jean-Lantier (nommée *la rue de Jean-Loingtier*), etc.

C'est à Tréperel que l'on doit une édition des *Quinze Joyes de Mariage,* à la fin de laquelle on remarque une figure sur bois, naïve peinture de mœurs, nous donnant l'idée d'un ménage de prolétaires à la fin du xve siècle. On y voit le mari chargé de différents objets de ménage, harcelé par sa femme & ses enfants, avec les animaux domestiques, le cheval, le chien & le chat autour de lui.

Parlons maintenant d'un marchand libraire, bourgeois de Paris, comme il s'intitule fièrement, qui a passé longtemps pour être imprimeur, mais qui, en réalité, n'a été qu'un éditeur. A lui seul, Antoine Vérard a alimenté les presses de plusieurs typographes. Non seulement il fournissait du travail aux imprimeurs, mais il les commanditait au besoin. A ce titre il mérite une place d'honneur parmi eux. C'est à lui que l'on doit le plus grand développement de l'art français du livre illustré.

Antoine Vérard, qui a débuté en 1485 sur le pont Notre-Dame, avait une succursale au Palais, tout auprès de la Sainte-Chapelle. Il s'est servi tour à tour des presses de Jean Du Pré, de Pierre Levet, de Guy Marchant, de Jean Morand & de plusieurs autres.

Au lieu de publier des livres latins pour les étudiants & le clergé, comme faisaient ses confrères, il a édité exclusivement des livres français. Le premier, avant Simon Vostre, il eut l'idée de faire des livres d'Heures imprimés, qui sont d'une facture & d'un style tout différents. Le dessin est ferme, bien arrêté ; les tailles sont nettes ; les figures d'hommes & de femmes formant les bordures ont une expression & un caractère de vérité qui ne se rencontrent pas au même degré dans les copies réduites des mêmes sujets. On n'y voit pas, il est vrai, la richesse de détails & le fini des Heures de Simon Vostre, mais on y trouve un air de distinction & de grandeur qui saisit & charme tout à la fois par son réalisme.

Deux éditions de ces Heures furent commandées à Vérard par Charles VIII. Le texte en avait été arrangé par Guillaume Tardif, professeur au Collège de Navarre, ancien correcteur d'imprimerie à l'atelier du *Soufflet Vert* en 1479, & devenu dans la suite lecteur du roi[1].

---

[1] Les correcteurs d'alors ne faisaient pas partie du personnel de la maison comme de nos jours. C'étaient de graves docteurs, des professeurs en renom, voire même des personnages d'un certain rang, qui ne dédaignaient pas de prêter leur concours à la typographie naissante & s'y intéressaient d'une façon particulière. Tels étaient Jean de La Pierre, recteur de l'Université & prieur de la Sorbonne ; Guillaume Fichet, qui avait été chargé de missions diplomatiques par Louis XI ; Louis de Rochechouart, évêque de Saintes ; Gilles de Delft, docteur de Sorbonne, & d'autres encore.

Tardif y avait mêlé quelques poésies de sa façon, qui semblent échappées de la plume de Villon.

Charles VIII, roi très dévot, fit faire par le même un autre ouvrage intitulé : *L'Art de bien mourir*. Vérard l'édita conjointement avec *L'Art de bien vivre,* & les deux ouvrages furent illustrés par les meilleurs artistes du temps. Le premier est une sorte de catéchisme ou manuel du chrétien, résumant en images les idées morales & religieuses qui avaient cours à l'époque.

Les figures qui représentent les Sept Sacrements sont d'une facture magistrale.

L'artiste a réussi à rendre la réalité des cérémonies, la gravité des gestes & des expressions, la richesse & la décoration flamboyante. Il suffit de voir ces femmes au corsage étroit & en cornette rabattue & ces enfants malingres pour se sentir en plein Paris du moyen âge, dans une des chapelles de Saint-Séverin.

Le Mariage est à citer, entre autres, pour l'appropriation locale & vraie de la scène.

Dans *L'Art de bien mourir,* ce ne sont que grimaces & contorsions de diables de tout acabit.

Les Peines de l'Enfer, qui forment la suite de l'ouvrage, nous font assister aux supplices des damnés. Dans ces images destinées à jeter l'épouvante dans le cœur des pécheurs les plus endurcis, l'imagination de l'artiste s'est donné pleine carrière : on y remarque des raffinements de cruauté inouïs, dignes des Chinois, passés maîtres dans l'art de la torture.

Comme contre-partie à ces scènes lugubres & à celles de *La Fin du Monde* & du *Jugement dernier*, la planche qui représente *Les Joies du Paradis* respire le calme & la sérénité. C'est l'une des plus belles de l'école française de gravure du xvᵉ siècle.

L'Art de bien mourir a été imprimé en 1492 par Pierre Le Rouge, imprimeur du roi ; les autres parties de l'ouvrage sont sorties des presses de Gillet Couteau & Jean Ménard, imprimeurs associés.

Dans le même ordre d'idées, Vérard a publié *L'Ordinaire des Chrétiens*. L'exemplaire royal, imprimé sur vélin, est décoré d'une superbe miniature dans laquelle on voit Vérard offrant son livre au roi. On a là le portrait authentique de ce grand éditeur artiste, un genou en terre,

les cheveux longs, vêtu d'une ample robe
brune à larges manches & garnie de velours
noir; il tient à la main le livre relié en velours
rouge, dont il fait hommage à Charles VIII,
en présence du grand aumônier & de six autres
personnages de la cour.

Antoine Vérard était le fournisseur attitré
des princes & des têtes couronnées. Il comptait
parmi ses clients le roi d'Angleterre, Henri VII.
On conserve encore au Musée Britannique de
Londres les exemplaires des mêmes ouvrages
qu'il présentait à ce monarque & pour lequel
il changeait les dédicaces des ouvrages imprimés d'abord au nom du roi de France.

Vérard n'a pas publié que des livres de dévotion : il a fait aussi imprimer des ouvrages
mondains. Sa première publication, en 1485,
est la traduction française, par Laurent de
Premierfait, des *Cent Nouvelles* de Boccace, ouvrage sorti des presses de Jean Du Pré. On
lui doit aussi la première édition, en 1486,
du recueil d'histoires égrillardes qui a servi de
cadres aux *Contes* de La Fontaine & intitulé :
Les Cent Nouvelles nouvelles. Cette œuvre de
jeunesse du roi Louis XI a été exécutée par

Pierre Levet, un des imprimeurs à la solde de Vérard, établi, comme nous l'avons dit plus haut, rue Saint-Jacques, aux *Balances d'argent,* près le Petit-Pont. Ce volume, illustré de petites figures sur bois, est fort prisé des bibliophiles. C'est à peine si l'on en connaît trois ou quatre exemplaires, que l'on paye de 8,000 à 10,000 francs quand, par hasard, il en passe un sous le feu des enchères.

C'est dans cet ouvrage que Vérard inaugura sa marque, l'une des plus jolies parmi celles que les imprimeurs & les libraires de Paris arborèrent dans ce genre d'ornementation, où ils n'eurent pas de rivaux. On y voit l'écu de France tenu par deux anges, & un cœur au chiffre A. V. R. tenu par deux faucons s'élançant l'un sur l'autre au-dessus d'un champ de fleurs.

Vérard a fait imprimer par Jean Morand, établi rue Saint-Victor, *Les Grandes Chroniques de France.* Ces trois volumes in-folio sont illustrés de figures sur bois qui se répètent de temps à autre.

Des planches avec bordures historiées occupent presque toute la page. Au commencement de chaque livre, on voit, entre autres sujets : *Un combat en champ clos,* le *Sacre du roi Philippe à Reims* & *l'Entrée de Charles VIII à Paris.*

Vérard, avant d'être éditeur, était un habile calligraphe & un miniaturiste de profession; il avait compris tout le parti que l'on pouvait tirer de la gravure sur bois, qui s'alliait si merveilleusement à l'art typographique. C'était un moyen nouveau d'inspirer aux masses le goût de la lecture & de les instruire par l'image.

Artiste déterminé, il dessinait lui-même les titres de ses éditions & les ornait d'initiales fantaisistes avec figures grotesques, afin d'attirer l'œil de prime abord & séduire l'acheteur.

Les chapitres & les divisions principales débutaient par des lettres en traits de plume de forme capricieuse & bizarre, avec visages d'une originalité toute particulière.

Sauf un Missel in-folio & un Rituel de format in-quarto qu'il a fait imprimer en 1496 & 1497 par Jean Morand, on ne connaît pas de livres latins édités par Vérard au xvᵉ siècle.

Les principales publications de Vérard consistent en vieilles chroniques françaises, en histoires de cape & d'épée, en romans de chevalerie, pièces de poésie & autres. Son édition des Comédies de Térence en français mérite l'attention des curieux.

Par un singulier anachronisme, les acteurs du temps des Romains sont représentés dans des costumes dont les types sont pris parmi les passants des rues de Paris à la fin du xvᵉ siècle. On y voit tour à tour des hallebardiers, des sergents, des jardiniers, des marchands, de graves docteurs, des femmes du peuple, des ménagères, des servantes, etc.

Des acteurs & des décors réunis sur une seule page donnent la représentation générale de la pièce avec les principales scènes disposées selon une perspective de convention. Des bandes de figures à coulisses, portant chacune le nom de leur rôle, défilent comme au théâtre, avec les gestes & la mimique que doivent avoir les acteurs devant le public.

Aucun éditeur n'a publié autant de livres illustrés que Vérard, aucun n'a vulgarisé davantage notre littérature nationale. Il a contribué à lui seul, pour la plus large part, au mouvement qui s'est effectué dans l'imprimerie parisienne pendant les dix dernières années du xv° siècle.

Si Paris propageait rapidement l'art de Gutenberg, la province ne restait pas inactive. Un imprimeur allemand, Martin Husz, qui venait de s'établir à Lyon, publiait, le 27 août 1478, trois ans avant la capitale, *Le Miroir de la Rédemption,* avec 256 figures sur bois. C'est le premier livre illustré qui ait paru en France. Il est vrai de dire que les bois n'avaient été ni dessinés ni taillés par des ouvriers français. Les planches venaient de Bâle & avaient déjà servi pour une édition du même ouvrage en allemand, imprimée en 1476, par Bernard Richel. Les figures en sont très expressives dans leur naïveté.

Deux ans après, le 25 août 1480, Nicolas Müller, dit *Philippi,* de Benssheim près Darmstadt, associé avec Marc Reinhart, de Strasbourg, imprimait la traduction des *Fables d'Ésope,* par Julien Macho, religieux de l'ordre de Saint-Augustin du couvent de Lyon. Des figures sur bois, que Nicolas Müller tirait de Strasbourg, ornent cet ouvrage. Ces images ne sont pas sans mérite.

C'est à Guillaume Le Roy, Liégeois d'origine, que revient l'honneur d'avoir introduit la gravure lyonnaise dans les livres. *L'Histoire du Chevalier Oben,* livre récemment découvert au Musée Britannique de Londres & qui a dû paraître vers 1480, contient une planche gravée sur bois qui offre un grand intérêt au point de vue des débuts de l'art provincial. Elle représente la Vierge Marie debout & de face, avec l'enfant Jésus dans les bras, ayant derrière eux un rideau semé de roses. Deux anges soutiennent une couronne fleurdelisée & fermée au-dessus de la tête de la Vierge, qui est nimbée & dont la longue chevelure tressée est pendante. Le dessin, fort simple, élégant & d'une grande distinction, est tout au trait; les lignes sont fines & égales. N'oublions pas que les artistes des premiers temps exprimaient par des traits simples & généraux le caractère principal des sujets, sans songer à reproduire fidèlement les détails. Quoique le travail de la gravure soit très sommaire, il est à remarquer cependant que des hachures légères & courtes marquent les ombres des plis du manteau. M. N. Rondot, d'une haute compétence en la matière, exprime ainsi son opinion : «Aucune autre pièce lyonnaise de cette époque ne l'égale en beauté & n'a autant d'originalité. Elle est lyonnaise quant à l'origine & peut-être même quant au *faire*. Elle est flamande quant au style. Par les draperies & par quelques détails, elle rappelle certaines peintures de l'école de Bruges. La Vierge, cette Vierge attristée aux grands yeux, a une attitude pleine de dignité & de charme.»

Deux autres ouvrages, *L'Abusé en Cour,* attribué au roi René, & *Le Doctrinal de Cour,* de Pierre Michault, sont illustrés de figures presque au trait; on croirait voir des esquisses de peintre. Les personnages sont bien posés, leurs gestes sont naturels; mais la composition pèche contre la perspective, comme d'ailleurs dans presque toutes ces images primitives. En général, le dessin plaisait d'autant plus aux masses qu'il était plus simple.

Guillaume Le Roy a publié les premiers romans de chevalerie française. La plupart des gravures qui ornent certains de ces ouvrages sont plus ou moins naïves. Il en est cependant, comme, par exemple, la figure représentant Bertrand Du Guesclin, qui sortent de l'ordinaire. Ce preux chevalier, revêtu de son armure, la plume au vent, une main appuyée sur l'écu qui lui sert de bouclier, est bien campé & a une fière allure.

Guillaume Le Roy a imprimé *Le Roman de la Rose, Fier-à-Bras, Mélusine, Pierre de Provence & la belle Maguelonne,* & plusieurs autres ouvrages que nous n'énumérons pas ici.

Guillaume Le Roy avait comme aide un fils ou un neveu du même prénom, qui était peintre.

C'est à ce dernier que nous croyons pouvoir attribuer la plupart des illustrations qu'on voit dans ses livres, ainsi que les lettres ornées, d'une composition fort originale, qu'il y insérait & qui pourraient être encore choisies de nos jours comme modèles de chiffres brodés.

Un autre imprimeur, Mathieu Husz, successeur de Martin Husz, se servait de lettres ornées sur fond noir, formées d'accessoires

rustiques, de branches d'arbres, d'oiseaux; il
les a employées notamment en 1491, dans un
livre intitulé : *Le Propriétaire des choses.*

Le même, soit seul, soit avec des associés,
a imprimé de 1482 à 1500 un grand nombre
de livres avec figures sur bois d'un mérite souvent original & de manières différentes, selon
le *faire* de ses collaborateurs. C'est peut-être
l'imprimeur lyonnais qui a le plus produit
dans ce genre.

Michelet Topié & Jacques Herenberck,
deux Allemands établis à Lyon, sont les premiers qui aient introduit la gravure en taille-
douce dans les livres. A Paris, on avait gravé
sur cuivre & en relief les bordures & quelques
planches de livres d'Heures, que l'on tirait
avec le texte sur la presse typographique; mais
le procédé de la gravure en creux sur une
planche de cuivre ne devait être pratiqué que
plus de soixante ans après.

Dans la relation du *Voyage de Breydenbach à
Jérusalem*, dont Topié & Herenberck publièrent
la première traduction française le 28 novembre
1488, on remarque de grandes vues des villes
les plus importantes parmi celles des pays par-

courus. La vue de Venise, entre autres, mérite
d'être citée.

Ces estampes, gravées sur cuivre, ont un
caractère primitif un peu étrange & un encrage
singulier. Le trait est net, mais il est comme
velouté dans les épreuves originales & a les
apparences du trait de crayon comme sur les
pierres lithographiques. Un écrivain d'art, qui
fait autorité en matière d'estampes, Robert
Duménil, a exprimé l'opinion que le graveur,
d'ailleurs inexpérimenté, était un orfèvre français; l'Italien Zani l'avait aussi regardé comme
français.

Les mêmes typographes ont imprimé en
1490 le *Recueil des Histoires troyennes,* composé
par Raoul Lefèvre, chapelain du duc de Bourgogne. Cet ouvrage contient une grande
quantité de figures archaïques sur bois, dans
le style flamand ou bourguignon. Ces planches
de batailles à nombreux personnages, composées avec verve, traitées avec vigueur, donnent
la sensation du mouvement, de la mêlée furieuse & de la vie.

Par un singulier anachronisme, dont on
trouve plus d'un exemple dans les gravures de

cette époque, on voit les Grecs de l'âge héroïque tirant le canon contre une ville assiégée, & du haut des tours, des femmes en cornette du XVe siècle repoussant les assaillants avec des pierres, des flèches & des arquebuses ou *bâtons à feu,* comme on appelait alors les fusils nouvellement inventés.

Sur le titre du livre, on voit une lettre ornée, avec des singes gambadant tout autour. L'un de ces singes est assis & joue de la cornemuse.

La première page de texte est décorée d'une large bordure sur fond noir, avec une grande lettre historiée de même style, représentant un chevalier couvert de son armure, monté sur son palefroi & brandissant son épée.

Jean Du Pré, de Lyon, qu'il ne faut pas confondre avec Jean Du Pré, de Paris, s'associa d'abord avec Nicolas Müller, dit *Philippi,* le second imprimeur de Lyon, & publia avec lui, en 1486, *Les Vies des Pères* par saint Jérôme, avec un grand nombre de figures copiées en partie sur l'édition parisienne du même ouvrage, imprimée par son homonyme. L'une de ces gravures, qui représente l'auteur com-

posant son livre au milieu d'évêques, de chefs
d'ordres religieux & de laïques, hommes &
femmes, est loin d'être dépourvue de caractère.

Le célèbre typographe lyonnais travailla
ensuite seul & donna, en 1491, une édition
remarquable de *La Mer des Histoires,* ouvrage
publié deux ans auparavant à Paris, par Pierre
Le Rouge, imprimeur du roi. Il s'inspire des
illustrations de ce dernier, mais, à vrai dire, il
ne les copie pas servilement. L'artiste lyonnais, habile & soigneux, les a interprétées
librement & a donné carrière à son crayon
dans les détails, qui sont tout autres.

On retrouve en tête la grande lettre initiale L, d'allure si hardie; mais elle est différente de celle de Pierre Le Rouge; au lieu
d'un chevalier armé qui attend de pied ferme
son adversaire, c'est un saint Georges qui
transperce de sa lance la gueule du dragon.

La lettre P du prologue est de dimensions
moins considérables, mais les détails sont plus
fouillés; l'ornementation, formée de char-
mants rinceaux, est plus abondante.

La planche à double scène du Baptême de
Clovis & de la bataille de Tolbiac est aussi

représentée; mais, si le fond du sujet paraît être le même, la manière en est différente, avec des détails nouveaux.

Jean de Vingle, originaire de Picardie, était établi imprimeur à Lyon en 1494. Entre autres livres, il a imprimé une édition illustrée des *Quatre Fils Aymon,* roman de chevalerie populaire bien connu. Le titre, disposé en lettres calligraphiques dans le genre de celles d'Antoine Vérard, le grand éditeur parisien, se distingue par son initiale à visage grotesque & à long bec d'oiseau, qui est d'une belle allure franchement dégagée.

Une autre grande initiale à doubles visages avec monstres & dragons, qu'on voit en tête d'une *Légende dorée,* en français, attire aussi l'attention. De Vingle avait réuni de bons ouvriers, & ses illustrations ne sont pas inférieures à celles des autres imprimeurs lyonnais.

Pierre Maréchal & Barnabé Chaussard, de Nevers, imprimeurs associés, éditèrent à Lyon nombre de livres de littérature populaire, avec gravures sur bois, soit qu'ils aient fait servir plusieurs planches provenant d'autres ateliers, soit qu'ils en aient fait graver de nouvelles.

Leur plus remarquable publication en ce genre consiste dans une édition de *La Grande Danse macabre* des hommes & des femmes, qui est la plus complète de toutes. Elle reproduit les bois des belles éditions de Paris, copiées avec beaucoup d'intelligence.

Les éditeurs lyonnais y ont ajouté une planche très curieuse, qui ne se trouve que dans cette édition : la Mort saisissant les Travailleurs du Livre, compositeurs, imprimeurs & libraires, qu'elle invite à la danse finale dans les termes suivants :

> *Faiĉtes ung sault habillement,*
> *Preſſes & capses vous fault laiſſer,*
> *Reculer ny fault nullement.*
> *A louvrage on congnoiſt louvrier.*

Cette double scène, bien présentée & pleine de mouvement, peut être considérée à juste titre comme l'une des meilleures de l'école de gravure lyonnaise.

Ils étaient nombreux les imprimeurs qui travaillaient à Lyon. Nous en avons trouvé au moins une quarantaine qui ont signé des livres de leurs noms, sans compter ceux qui figurent dans des notes d'archives & dont nous n'avons pu encore retrouver les travaux. Nombreux aussi étaient leurs auxiliaires, tels que fondeurs de caractères, *tailleurs d'histoires* ou graveurs sur bois, & les cartiers dont l'industrie était alors très florissante & qui remplissaient souvent l'office de ces derniers.

Après Lyon, ce fut au tour de Toulouse de compter des ateliers d'imprimeurs. Le premier livre daté de cette ville est de 1476.

Pendant longtemps, on a contesté à Toulouse l'honneur d'être la troisième ville de France qui eût pratiqué l'art de Gutenberg. Parce qu'on ne connaissait encore que des livres latins & espagnols au nom de cette ville, on voulait de toute nécessité que ces impressions eussent été faites à Tolosa, capitale de la province de Guipuzcoa, en Espagne.

Le docteur Desbarraux-Bernard s'est fait le champion de sa ville natale; envers & contre tous, il a soutenu sa cause par des arguments qui ont été contestés à tort.

M. Claudin a découvert, il y a quelques années, dans les archives municipales, les noms de tous les imprimeurs toulousains payant leurs cotes d'imposition, avec l'indication de leurs demeures. Depuis, on a trouvé, dans les archives notariales, des actes où il est fait mention des mêmes imprimeurs, de sorte qu'il ne peut subsister aujourd'hui le moindre doute & que la question de Tolosa ou de Toulouse est jugée en dernier ressort en faveur de la capitale du Languedoc.

Les livres imprimés à Toulouse sont assez nombreux, mais ne présentent aucun intérêt artistique. Ce sont principalement des livres de philosophie, de droit, de religion, à l'usage des étudiants, des praticiens ou du clergé. On ne connaît guère que deux livres français qui y aient été imprimés pendant cette période : une *Imitation* & un traité mystique de théologie sur l'amour divin.

Angers vient après Toulouse. On y imprima au commencement de 1477 avec un matériel ayant déjà servi & venant de Paris. On ne connaît encore que très peu d'ouvrages sortis des premières presses angevines. Ce sont des livres à l'usage des étudiants de l'Université & des prêtres; ils n'ont rien de remarquable.

La cinquième ville de France qui a possédé

une imprimerie est Vienne en Dauphiné, dont on a un livre daté de 1478. On n'a d'abord imprimé dans cette ville que des livres latins; on y a publié ensuite des textes français, des poésies & d'autres ouvrages avec figures sur bois, dont quelques-unes sont d'une bonne facture.

La même année, l'imprimerie pénétrait dans une petite localité de la basse Bourgogne, à Chablis, aujourd'hui très renommée pour ses vins.

Pierre Le Rouge, calligraphe & miniaturiste de son métier, avait été initié à l'art typographique par un de ses parents, Jacques Le Rouge, imprimeur à Venise. Il débuta à Chablis en 1478; quelques années après, il quittait son pays natal pour venir s'installer à Paris, où il se fit remarquer par son habileté & fut nommé imprimeur du roi.

C'est à Pierre Le Rouge que l'on doit l'impression de *La Mer des Histoires,* le plus beau livre illustré français du xvᵉ siècle, dont nous avons parlé précédemment.

En 1479, à Poitiers, un chanoine de Saint-Hilaire-le-Grand faisait venir de Paris un imprimeur & le logeait dans sa propre maison. Plusieurs livres ont été imprimés à Poitiers dans le cours du xve siècle.

En 1480, on imprime pour la première fois à Caen, autre centre universitaire.

En 1481, on voit un imprimeur à Albi en Languedoc.

Saluons, en passant, ce nouveau venu, qui était un élève direct du maître, de Jean Gutenberg, l'inventeur de l'imprimerie. Il se nommait Jean Neumeister, de Mayence.

En 1482, Pierre Plumé, riche chanoine de Chartres, à l'exemple de son collègue de Poitiers, appelle un imprimeur de Paris, qui n'est autre que le fameux Jean Du Pré & installe un atelier typographique dans sa maison du cloître de la cathédrale.

La même année, deux religieux de l'ordre des Carmes montent une imprimerie à Metz.

Troyes a sa première imprimerie en 1483. Un membre de la famille des Le Rouge transporte dans cette ville une partie du matériel de l'atelier de Chablis. Guillaume Le Rouge, que l'on croit être le fils de Pierre Le Rouge, y imprime des livres illustrés remarquables :

L'Exposition des Évangiles & une *Danse macabre.*
Les planches de ces ouvrages repassent ensuite dans l'atelier de Petit Laurens, imprimeur demeurant à Paris, rue Saint-Jacques, à l'enseigne de la *Croix blanche;* elles servent à publier une édition donnée par ce dernier & qui ne le cède en rien à la belle édition de Guy Marchant.

En 1484, l'imprimerie est établie à Chambéry.

Un prince de Rohan donne l'hospitalité en 1484, dans sa terre de Bréhan-Loudéac, à deux imprimeurs, Robin Fouquet & Jean Crès, qui impriment des livres français & *Les Coutumes du duché de Bretagne.*

Rennes eut aussi, la même année, une imprimerie. Elle fut dirigée par Pierre Bellesculée, de Poitiers.

Tréguier suivit l'exemple & on y imprima dès 1485.

Jean Crès, l'associé de Robin Fouquet, le premier imprimeur breton, quitte Bréhan-Loudéac & transporte sa presse dans l'abbaye de Lantenac en 1487, où il s'établit définitivement.

Cette même année, l'imprimerie fut introduite à Salins en Franche-Comté.

Nous avons encore à noter, en 1485, la première impression d'un Missel faite à Tours.

Abbeville occupe une place des plus distinguées dans les fastes de la typographie française.

Jean Du Pré, de Paris, appelé selon toute probabilité dans cette ville par un riche & puissant personnage, que nous croyons être Philippe de Crèvecœur, chambellan du roi & gouverneur de Picardie, y imprime, en 1486, avec Pierre Gérard, un magnifique livre en deux volumes in-folio : *La Cité de Dieu*, de saint Augustin, traduite par Raoul de Presles. Les figures sur bois qui ornent cet ouvrage sont de véritables merveilles pour l'époque & ne le cèdent en rien comme mérite artistique aux illustrations de *La Mer des Hiſtoires*, exécutées par Pierre Le Rouge.

La Cité de Dieu & *La Mer des Hiſtoires* sont, sans conteste, les deux plus beaux livres illustrés français qui aient été produits au XVᵉ siècle.

Le même atelier d'Abbeville a encore produit *Le Roman des Neuf Preux,* avec des figures sur bois, qui sont de même qualité, & *La Somme rurale,* de Boutillier.

Nous arrivons à Rouen. Bien qu'on ne possède pas de livres datés de cette ville avant 1487, nous avons néanmoins la certitude que l'imprimerie y avait été introduite deux ans auparavant, par Guillaume Le Talleur, un élève de Jean Du Pré, qui y a imprimé le Programme des fêtes célébrées pour l'entrée de Charles VIII en 1485; ce livret qui était cité par Du Verdier, bibliographe du xvie siècle, & que l'on croyait perdu, a été récemment découvert par M. Claudin à la Bibliothèque nationale.

L'imprimerie prit bien vite une grande importance dans la capitale de la Normandie; on y imprima des ouvrages de toutes sortes, mais surtout des livres liturgiques à l'usage des églises d'Angleterre & du nord de l'Europe.

Besançon vit arriver dans ses murs un certain nombre d'imprimeurs envoyés de Bâle en 1487, qui s'empressèrent de monter un atelier.

A Embrun, dans les hautes Alpes du Dauphiné, l'archevêque appela d'Italie un imprimeur français, Jacques Le Rouge, de Chablis, précédemment établi à Venise, qui s'était fixé en dernier lieu à Pignerol, de l'autre côté du massif alpestre; il le logea dans son palais avec ses ouvriers & lui fit imprimer le bréviaire de son diocèse.

L'équipe d'ouvriers typographes qui était venue de Bâle apporter l'imprimerie à Besançon, en 1487, quitte cette ville pour aller à Dôle, siège du parlement de la province, & y imprime, en 1490, *Les Ordonnances & Coutumes de Bourgogne.*

De là, ayant à leur tête un prêtre, Pierre Metlinger d'Augsbourg, gradué de l'Université de Bâle, ils se rendent à Dijon, où Jean de Cirey, abbé de Cîteaux, les reçoit dans son hôtel du *Petit Cîteaux* & leur fait imprimer les privilèges de l'ordre ainsi que d'autres livres.

Entre temps, un atelier typographique s'installait à Orléans en 1490. Un typographe, du nom de Mathieu Vivien, y apportait l'ancien matériel de Guy Marchant, de Paris.

Grenoble voyait arriver dans ses murs un matériel d'imprimerie ayant déjà fonctionné à

Lyon, & un imprimeur y publiait, en 1490, les décisions du jurisconsulte dauphinois Guy Pape.

La lumière se faisait & l'imprimerie se propageait dans toutes les directions comme une traînée de poudre.

En 1491, on voit un petit curé de Goupillières, près Évreux, en Normandie, imprimer chez lui le livre d'Heures de sa paroisse. Ce livre, qui n'était pas illustré de figures comme les autres, ne dépassa guère les limites du village à l'usage duquel il était destiné & devait disparaître bien vite; mais un de ces hasards heureux, comme il n'en arrive qu'aux hommes de science qui ont toujours l'œil ouvert sur les épaves du passé, a permis à M. Léopold Delisle de le découvrir à la Bibliothèque nationale. Cette curiosité typographique se trouvait à l'état de fragments dans la couverture d'un vieux livre où elle servait de carton.

La même année, le chapitre de l'église de Narbonne fit imprimer sur place son bréviaire dans le cloître de la cathédrale de Saint-Just.

On voit encore, en 1491, un atelier s'installer à Angoulême. Il est monté avec l'ancien matériel réformé de Jean Du Pré, de Paris, par deux imprimeurs du nom de Pierre Alain & André Chauvin.

L'abbé de Cluny, en Bourgogne, conclut un marché, en 1492, avec Michel Wenssler, de Strasbourg, un des premiers imprimeurs de Bâle. Wenssler apporte un matériel à Cluny, s'installe dans l'abbaye même & y imprime le Missel de l'ordre, qu'il achève le 9 juillet 1493.

Son labeur terminé, il se rend à Mâcon où il imprime, la même année, pour le compte d'un libraire, le Diurnal de l'église du lieu.

En 1493, on voit encore Nantes, Châlons-sur-Marne & la petite ville d'Uzès, en Langue-doc, recevoir des imprimeurs pour la première fois.

En 1495, c'est le tour de Limoges. Jean Berton, originaire de Touraine, s'établit im-primeur dans cette ville.

En 1496, on imprime à Provins ainsi qu'à Valence en Dauphiné.

Avignon n'avait pas encore d'imprimeur, bien que dès 1444 on y eût fait des essais qui, d'ailleurs, n'avaient donné aucun résultat; la municipalité fait venir Jean Du Pré, de Lyon, & le défraye de ses dépenses.

Ce typographe de premier ordre, logé aux frais de la ville, installe un atelier & commence à imprimer en 1497.

En 1498, l'imprimerie s'implante à Périgueux, & en 1500 on imprime des livres à Perpignan & à Valenciennes.

Tel est, en résumé, le tableau de la marche & des progrès de l'imprimerie dans les provinces de France au xve siècle.

Jadis on ne citait qu'une trentaine de villes ou localités ayant eu l'honneur de posséder des presses durant cette période. De nouvelles recherches & d'heureuses découvertes, dues en particulier à M. Claudin, ont porté maintenant ce nombre à quarante-deux. Parmi les noms qui ont été inscrits sur ce tableau d'honneur dans ces dernières années, nous nommerons Goupillières, Périgueux, Embrun & tout récemment Uzès.

Nous avons lieu de croire que cette liste n'est pas définitive & qu'un jour ou l'autre de nouveaux noms viendront s'ajouter à ceux connus jusqu'à présent & témoigneront de l'intensité du mouvement intellectuel de la France à cette époque.

Florissante dès la fin du xv° siècle, l'imprimerie prend un nouvel essor au xvi°; les ateliers se multiplient & une génération nouvelle de typographes succède à l'ancienne. Pendant le siècle précédent, on avait créé de toutes pièces un matériel d'illustration excellemment gravé, qu'on trouvait à utiliser sans qu'il eût encore besoin d'être renouvelé. Comme nous l'avons déjà dit, les imprimeurs de Lyon & de Paris échangeaient ou louaient volontiers leurs bois, qui passaient ainsi d'un atelier à un autre.

Les vingt premières années du xvi° siècle marquent une époque de transition. Le gothique dans les caractères d'imprimerie se maintient encore, mais ne fait pas de progrès. On remarque même une certaine tendance à abandonner ce style pour des formes plus arrondies.

Déjà quelques imprimeurs avaient adopté le caractère romain; Josse Bade, ancien correcteur de l'imprimerie de Trechsel, à Lyon, & professeur de belles-lettres, qui avait séjourné en

Italie, vient s'établir à Paris en 1503 & se sert presque exclusivement de caractères ronds ou romains, qu'il met à la mode.

Henri Estienne, premier du nom, qui venait de s'établir, les adopte à son tour. L'usage ne devait pas tarder à s'en généraliser.

L'illustration des livres commence à subir les effets d'une transformation qui s'opérait graduellement.

L'éditeur Simon Vostre, qui avait publié jusqu'alors des livres d'Heures dans lesquels l'art français du gothique flamboyant avait dit son dernier mot, fait graver de plus grandes planches dans lesquelles les lignes d'un dessin moins heurté rappellent le style italien (*Heures de Verdun*).

La perspective est mieux observée; les scènes ne se passent plus dans l'ombre des nefs & des chapiteaux à dentelles de pierre de nos vieilles cathédrales, mais sous les voûtes des églises de Rome ou en plein air. Dans les fonds, ce sont les palais à colonnades de l'Italie, au lieu des manoirs & des châteaux de France.

La Renaissance commence son évolution, mais elle est encore amalgamée avec l'art gothique, dont elle se dégagera bientôt & auquel elle se substituera par la suite.

Avec Henri Estienne, en 1502, commence la dynastie des imprimeurs savants dont la France est fière.

Geoffroy Tory, de Bourges, qui avait été correcteur dans l'imprimerie de ce dernier & qui s'établit plus tard à son compte, fut le rénovateur de la typographie française au XVIᵉ siècle. Il a, en effet, fixé les règles de l'orthographe & c'est à lui que l'on doit une ponctuation plus correcte avec l'emploi de l'apostrophe, de la virgule & de la cédille.

Il revenait de l'Italie, la terre classique des arts, & en avait rapporté des idées nouvelles, qui firent révolution.

Dans un ouvrage resté célèbre, qu'il appelle *Champfleury* & qu'il publia en 1529, Tory traite, comme dessinateur & comme graveur, de la vraie proportion des lettres. Les types gothiques furent délaissés & remplacés par des caractères romains d'une disposition nouvelle, empruntés aux monuments de l'antiquité, que Tory venait de visiter & d'étudier sur place.

La gravure se transforma du même coup; elle apparut entièrement dégagée du style gothique & légère à l'œil, comme on le voit dans la marque de Geoffroy Tory, entourée d'une guirlande fleurie, & dans le titre de l'*Histoire de Diodore de Sicile,* due au même imprimeur.

Dans ce dernier livre, un beau spécimen des gravures de Tory représente François Ier écoutant la lecture de la traduction de l'*Histoire de Diodore de Sicile,* faite par Macault, son secrétaire & son valet de chambre.

On attribue encore à Geoffroy Tory une série de grandes planches gravées sur bois qui illustrent un ouvrage latin sur la procédure criminelle, imprimé chez Simon de Colines, le beau-père de Robert Estienne.

On y voit successivement une attaque nocturne dans un carrefour de Paris, l'arrestation des coupables & leur incarcération au Châtelet, la comparution des témoins devant le juge d'intruction, la mise à la torture des accusés pour leur arracher des aveux, les exécutions en place de Grève, etc.

Il y a loin des illustrations naïves du xve siècle à ces estampes dont le dessin saisissant prenait

sur le vif des scènes qui se passaient journellement dans le vieux Paris.

Avec Robert Estienne, nous sommes en
pleine Renaissance. Par son vaste savoir, par
son dévouement à l'art typographique, par son
zèle à sauver de la destruction & à propager en
France les monuments de l'antiquité grecque
& latine, il occupe le premier rang parmi les
typographes français.

On dit que, pour s'assurer davantage de la
correction des ouvrages qu'il imprimait, il en
affichait les épreuves à sa porte en promettant
des récompenses à ceux qui y découvriraient
des fautes.

François Ier qu'on a surnommé *le Père des
lettres,* & qui recherchait la conversation des
hommes éclairés, avait Robert Estienne en
grande estime & en affection particulière. Il
venait souvent, soit seul, soit accompagné de
sa sœur, Marguerite de Navarre, lui rendre
visite dans son imprimerie de la rue Jean-
de-Beauvais, pour converser avec lui & s'en-
quérir de ses travaux. Un jour, il daigna même,
selon un récit célèbre dans les fastes de la typographie, attendre quelques instants pour ne pas

interrompre le grand & savant typographe dans la lecture d'une épreuve.

En fondant le *Collège royal des Trois Langues,* aujourd'hui *Collège de France,* François Ier n'oublia pas l'imprimerie, qui, dans sa sollicitude éclairée, devait en être l'auxiliaire, & aux termes d'un de ses édits « procurer copiosité de livres utiles & nécessaires en langue latine, grecque & hébraïque », afin d'étendre les bienfaits d'une institution appelée à répandre tant de lumières.

Sur son ordre, Robert Estienne fit graver par Claude Garamond, graveur & fondeur de caractères d'imprimerie, élève de Geoffroy Tory, des poinçons de lettres grecques, de lettres romaines & italiques de la plus grande beauté, payés par le Roi sur sa cassette, & que possède encore aujourd'hui l'Imprimerie nationale.

La bibliothèque du même établissement conserve un fort beau manuscrit du texte grec de la *Politique* d'Aristote, que l'on doit au talent d'Ange Vergèce, calligraphe de Crète, attaché au collège que François Ier venait de fonder. Ce manuscrit est un véritable chef-d'œuvre

dans lequel il est facile de reconnaître l'écriture
qui a servi de modèle pour les types grecs du
roi. Ces types furent déposés chez Robert
Estienne, qui les inaugura en 1544.

Par une disposition des plus libérales, les
matrices de ces types furent mises à la disposition de l'imprimerie parisienne, c'est-à-dire
qu'il fut loisible à tout imprimeur français de
s'en faire délivrer des fontes, à la charge d'en
payer les frais & de rappeler seulement sur le
titre des livres l'origine royale de ces caractères.

Les types créés par Garamond sur l'ordre
exprès de François Ier & dus à la munificence
de ce monarque sont, pour ainsi dire, la première pierre apportée à l'édifice qui devait
conserver & perpétuer le renom de la typographie française. C'est le premier matériel de
l'Imprimerie royale.

Nous n'ignorons pas que cette origine a été
contestée. Bien que des médailles frappées en
1823 & 1831, par les soins de l'Académie des
inscriptions & belles-lettres, aient rappelé le
fait, on croit généralement qu'elle n'a été
fondée au Louvre par Louis XIII, sur l'initiative de Richelieu, qu'en 1640. Cette question

a été résolue avec beaucoup de bon sens par un historien des plus recommandables, Auguste Bernard. Nous ne ferons que répéter ses arguments : « Qu'est-ce qui constitue une typographie? Ce sont les types & non la maison où on les conserve. Or, est-il vrai que François Iᵉʳ a fait graver des caractères & que ces caractères formaient une typographie royale dès 1544 ? Le fait est incontestable, puisqu'il est rappelé par les mots bien connus de *types royaux* dans presque tous les ouvrages grecs publiés à Paris durant le xviᵉ siècle. Louis XIII a installé, il est vrai, une Imprimerie royale, mais ce second fait ne détruit pas le premier; au contraire, il vient le corroborer, & c'est principalement pour utiliser les caractères de François Iᵉʳ que Louis XIII a créé l'Imprimerie du Louvre. »

Le premier ouvrage sorti des presses de l'Imprimerie royale du Louvre est un texte latin de l'*Imitation de Jésus-Christ*.

Sur la garde d'un exemplaire de cet ouvrage, appartenant à la Bibliothèque de l'Arsenal, se trouve une note manuscrite, vraisemblablement écrite au xviiᵉ siècle, & qui fournit la preuve que, dès cette époque, on considérait la fondation de Richelieu comme une continuation normale de l'imprimerie établie sous le règne de François Ier. Nous en citerons le passage suivant :

«L'Imprimerie royale, qui avoit été établie par François Ier, étant tombée pendant les temps de la Ligue & des troubles, Louis XIII, ou plutôt le cardinal de Richelieu & M. Des Noyers, sous son nom, entreprirent de la rétablir. On prétend qu'on y dépensa, dans les sept premières années de ce rétablissement, 360,000 livres en beau papier, caractères neufs, grecs & latins, etc. On assure aussi que Louis XIII alloit souvent luy-même voir travailler à cette imprimerie. Le premier ouvrage qui en sortit & qui me paroit le plus parfait est cette édition de l'*Imitation.*

«Lorsque le cardinal de Richelieu voulut faire imprimer cette *Imitation* au Louvre, il voulut y faire mettre le nom de A-Kempis. Les Bénédictins, qui l'apprirent, luy donnèrent un grand mémoire pour prouver que le vray auteur étoit un Bénédictin nommé Gersen. D'autres savants, instruits de la question, nommèrent un troisième auteur. Il y eut alors plusieurs livres imprimés à ce sujet; mais, en attendant, le cardinal ordonna qu'on ne mettroit aucun nom à cette édition.....»

Henri Estienne, qui succéda à son père Robert, fut également un grand imprimeur, renommé par sa science & son savoir. François & Charles Estienne ont laissé aussi des noms recommandables.

La famille des Estienne est célèbre dans le monde entier. La Ville de Paris a perpétué le souvenir de leur talent & de leur science, en fondant une École typographique à laquelle elle a donné leur nom.

Les Vascosan, les Morel & les Turnèbe qui, tour à tour, ont eu le titre d'imprimeurs du roi après les Estienne, ont imprimé de belles éditions grecques avec les types royaux dont nous avons parlé tout à l'heure.

Sous le règne de Henri II, une ère nouvelle s'ouvre pour la typographie française dans l'ornementation du livre.

Les sculpteurs Jean Goujon & Germain Pilon, les architectes Bullant, Philibert Delorme & Pierre Lescot, les peintres Jean Cousin

& Pierre Clouet s'associent pour prendre la direction du mouvement.

Jacques Kerver publie *Le Songe de Poliphile* avec des figures d'une grande pureté de lignes, dont le dessin est attribué à Jean Goujon.

Louis Cyaneus, de son vrai nom *Blaublom,* typographe flamand établi à Paris, imprime une traduction française du *Décaméron,* de Boccace, avec de charmantes petites figures encadrées d'arabesques dessinées par Étienne de Laulne, dans le style de l'École de Fontainebleau.

Enfin, comme dernier exemple parmi une infinité d'autres, nous mentionnerons deux superbes pièces, datées de 1587 & sorties de l'atelier de Jean & Robert de Gourmont frères, graveurs sur bois.

Dans le *Tableau des Arts libéraux,* on voit Christophe Savigny, l'auteur, présentant son livre au duc de Nevers, son protecteur.

L'impulsion était donnée; les imprimeurs & les éditeurs commandaient à des artistes des marques pour distinguer les livres qu'ils publiaient : fleurons, culs-de-lampe; initiales dans le style de l'époque. On copie encore aujourd'hui ces menus ouvrages dans lesquels on découvre facilement un mérite exceptionnel ; ils prouvent tout au moins que l'art s'introduisait partout.

Les imprimeurs étaient devenus légion & nous ne pouvons les nommer tous ; il suffit de dire que la plupart des villes de France en possédaient.

L'imprimerie avait acquis une telle importance & un tel relief au xvi⁰ siècle, que des couvents, des abbayes & de grands seigneurs établissaient chez eux des presses particulières dans un but de propagande religieuse ou politique.

Si les moyens d'exprimer la pensée devinrent plus puissants, d'un autre côté le mouvement artistique fut enrayé par les troubles de la Ligue & les guerres civiles qui marquèrent la fin du xvi⁰ siècle & le commencement du suivant.

L'imprimerie française ne vivait plus que sur sa gloire passée ; elle était même sur le point de décliner, lorsque le cardinal de Richelieu entreprit de la relever en fondant l'Imprimerie royale du Louvre.

Les Elzévirs imprimaient alors en Hollande des livres avec frontispices gravés en taille-douce, petites merveilles de typographie que l'on n'était pas encore arrivé à égaler en France. Piqué d'amour-propre, le grand ministre faisait écrire par Sublet des Noyers, surintendant de la maison du roi, à son ambassadeur en Hollande, une lettre dont l'original, daté du 16 juin 1640, se trouve à la Bibliothèque impériale de Saint-Pétersbourg. Les passages suivants trahissent sa préoccupation d'esprit :

«Monsieur,

«Il y a déjà quelque temps que je suis dans le dessein d'établir une imprimerie royale au Louvre & parce que je désire y faire toutes choses avec le plus de perfection qu'il sera possible & que j'apprends qu'aux imprimeries de Hollande on a un secret pour l'encre qui rend la lettre beaucoup plus belle & plus nette, que l'on ne fait pas en France & qu'aussi il se trouve bon nombre de compagnons imprimeurs de ce pays-là même, à Amsterdam, Leyde & ailleurs, qui seraient peut-être bien aises de venir gagner mieux leur vie par deçà (en France), je vous prie de prendre la peine de vous informer si l'on pourra trouver des ouvriers esdites imprimeries & au moins quatre pressiers & quatre compositeurs, & entre eux si l'on pourra en avoir un qui sçache faire de cette encre d'imprimerie & traiter au plus tôt avec eux pour les frais de leur voyage & pour leur entretènement comme entre particuliers, car il n'est pas à propos de mêler en quelque façon que ce soit le nom du roi en cela, ni de découvrir notre dessein aux étrangers qui voudraient le traverser en ce qu'ils pourraient. . . . . »

L'ambassadeur mit une telle diligence à exécuter cet ordre que, six mois après, le 17 novembre, l'Imprimerie royale était installée avec les ouvriers demandés & que le cardinal de Richelieu y faisait sa première visite.

Avant que l'on eût réuni au Louvre les caractères gravés par Garamond sous François Ier, les poinçons étaient déposés à la Chambre des comptes & les matrices chez l'imprimeur royal qui fournissait les fontes à ses confrères. Les imprimeurs royaux étaient logés au Collège de France, dont ils étaient les auxiliaires.

Le journal date d'une époque relativement récente.

On publiait bien, dès le xvᵉ siècle, des relations d'événements qui venaient de s'accomplir, mais le seul moyen que l'on possédât alors pour transmettre les nouvelles consistait à faire distribuer dans les rues ou dans les lieux publics de petits billets ou feuilles volantes, comme, par exemple, le billet de mise en vente d'une édition d'Aristote par la librairie de Marnef.

Il existe encore un billet de ce genre imprimé en lettres gothiques, dans lequel on donne l'adresse d'une hôtellerie promettant bon gîte.

La première feuille d'annonces qui ait été créée en France date de 1630. Elle a pour fondateur le médecin Théophraste Renaudot, auquel on a élevé récemment une statue comme au père du journalisme en France, & qui est aussi le créateur des consultations gratuites pour les pauvres.

C'est en l'année 1609 que parut le prospectus de la première gazette française. Cette gazette, qui s'était imposé l'obligation de rimer ses

nouvelles, exposait son programme de la façon
suivante :

> *La Gazette en ses vers*
> *Contente les cervelles ;*
> *Car de tout l'univers*
> *Elle reçoit nouvelles.*
> . . . .
> *La Gazette a mille courriers*
> *Qui logent partout sans fourriers.*
> *Il faut que chacun lui réponde,*
> *Selon sa course vagabonde,*
> *De çà de là, diversement,*
> *De l'Orient en l'Occident,*
> *Et de toutes parts de la sphère,*
> *Sans laißer une seule affaire,*
> *Soit d'édits, de commißions,*
> *De duels. . . . .*
> *De pardons pléniers & de bulles*
> . . . .
> *Elle racontera außi*
> *Les malheurs, les prospérités.*
> . . . .
> *Quoi que ce soit, rien ne s'oublie,*
> *Car la Gazette multiplie*
> *Sans relasche des postillons,*
> *Viste comme les Aquilons.*

La *Gazette* s'adressait également aux dames en les prenant par leur faible, c'est-à-dire par la mode :

> *La Gazette en ceſte rencontre*
> *Comprend les poinᵈts plus accomplis*
> . . . .
> . . . .*Les méthodes*
> *Les inventions & les modes*
> *De cheveux neufs à qui les veut,*
> *De fauſſe gorge à qui ne peut ;*
> *Nœuds argentés, lacets, écharpes ;*
> . . . .
> *Des sangles à roidir le busc,*
> *Des endroits où l'on met du musc.*

Malgré son programme original, cette gazette n'était pas encore le vrai journal. Celui-ci devait être mis au jour par Renaudot.

En 1630, parut en effet un prospectus rédigé en ces termes : «*Inventaire des adreſſes du Bureau de rencontre, où chacun peut donner & recevoir avis de toutes les neceſſitez & comoditez de la vie & société humaine.*

«Par permission du Roy, contenue en ses brevets, arrests de son Conseil d'Estat, déclaration, privilège, confirmation, arrest de sa Cour de Parlement, sentences & jugements donnez en conséquence.

« Dédié à Monseigneur le commandeur de La Porte, par Théophraste Renaudot, médecin du Roy.

« A Paris, à l'enseigne du *Coq,* rue de la Calandre, sortant au Marché-Neuf, où l'un desdits bureaux d'adresse est estably. — 1630. »

Les numéros suivants, intitulés : *Feuilles du bureau d'adreſſe,* paraissant à des époques indéterminées, selon les besoins & les circonstances, contiennent l'indication des terres à louer ou à vendre. Sous le titre d'*Affaires mêlées,* ce sont des avis divers : on offre de céder l'invention de nourrir quantités de volailles à peu de frais; on demande un homme sachant mettre du corail en œuvre; on demande à emprunter de l'argent sur bonnes garanties; on propose de vendre un grand atlas de Hondius, etc.

Les *Petites Affiches* actuelles sont la continuation du *Bureau d'adreſſe,* qui avait son siège rue de la Calandre, dans la Cité, en face du Palais de justice.

Le 30 mai 1631, paraissait le premier numéro de la *Gazette,* fondée également par Théophraste Renaudot; cette publication contenait non seulement les faits divers, mais encore les nouvelles politiques.

C'est la première feuille périodique qui réponde, autant qu'on peut l'exiger eu égard à l'époque, à l'idée que nous nous faisons d'un journal.

Son titre a quelque peu varié selon les circonstances; .son format & sa périodicité ont aussi suivi les progrès du temps. C'est aujourd'hui la *Gazette de France,* journal des châteaux & de la vieille noblesse; elle a traversé les révolutions sans interruption jusqu'à nos jours.

Dans le principe, la *Gazette* paraissait une fois par semaine, en quatre pages petit inquarto. Dès la deuxième année, la matière est doublée : elle passe à huit pages; quelquefois même elle va jusqu'à douze, divisées en deux cahiers intitulés : l'un, *Gazette,* & l'autre, *Nouvelles ordinaires de divers endroits.* Elle commençait par les nouvelles du dehors, celles de l'étranger, & finissait par celles de la Cour de France.

La réclame commence dès le sixième numéro. A la date du 2 juillet 1631, Renaudot recommande les vertus des eaux minérales de Forges-les-Eaux, en Normandie, où le roi venait de faire une saison avec sa cour.

Le 3 juillet, il vante la belle édition de la Bible polyglotte de Lejay, commencée en 1628 & qui devait être terminée, disait-il, en un an (elle le fut environ quinze ans après). On sait que cette Bible fut imprimée chez Vitré avec les types grecs royaux de Garamond & les caractères orientaux de Savary de Brèves, ancien ambassadeur de France à Constantinople, qui furent acquis pour le compte du roi & que possède l'Imprimerie nationale.

Outre la *Gazette,* Renaudot publiait, sous le titre de *Relations des nouvelles du monde reçues dans tout le mois,* un numéro supplémentaire qui complétait & résumait les informations précédentes.

En 1634, il remplaça ce supplément par des *Extraordinaires* qui paraissaient suivant les besoins & les circonstances & étaient généralement consacrés à la publication des documents officiels & au récit plus détaillé des événements marquants.

Le roi Louis XIII ne dédaignait pas, paraît-il, selon le père Griffet, son historien, de composer des articles entiers qu'il envoyait ensuite à Théophraste Renaudot, lequel les faisait imprimer avec les siens.

Ce monarque jouait parfois d'amusantes comédies.

Lui qui n'avait guère de volonté & qui, même devant la reine, craignait de parler un peu haut, il prenait une part active à la rédaction de la *Gazette*. Lorsque quelque dissidence politique s'élevait dans le royal ménage, c'est à la *Gazette* qu'il confiait ses doléances. Il écrivait ce qu'il n'osait dire & riait sous cape en voyant circuler sa vengeance anonyme & en étudiant ses effets sur l'âme altière de la reine.

A la mort de Louis XIII, Renaudot dut, pour se disculper, dévoiler le mystère de cette comédie.

La *Gazette* était le journal officiel & le seul qui existât alors en vertu d'un privilège spécial & exclusif que la faveur du cardinal de Richelieu avait fait obtenir à Renaudot, son compatriote.

Renaudot est le premier qui ait installé des

monts-de-piété en France. Disons, en passant, que ce genre d'établissements fonctionnait en Italie dès le xvᵉ siècle.

En 1637, il annonçait l'ouverture d'un bureau de prêts au siège de son journal par un prospectus intitulé : *Ouverture des ventes, troques & achats du bureau d'adreſſe où tous ceux qui auront des meubles trouveront à les vendre ou de l'argent deſſus.*

Renaudot mourut pauvre en 1653.

Nous donnons ci-après quelques titres de pièces curieuses parues avant la *Gazette de France* :

Discours espouvantable de l'horrible tremblement de terre advenu es villes de Tours, Orléans & Chartres, le lundi 26ᵉ jour de janvier paſſé 1579. — A Paris, par Jean d'Ongoys, en la rue du Bon-Puits, près la porte Saint-Victor. — Avec privilége du Roy. — 1579.

Figure d'un loup raviſſant trouvé en la foreſt des Ardennes, & la deſtruction par luy faicte en pluſieurs bourgs, villages & dépendances d'icelle foreſt, au moys de décembre dernier paſſé. — — A Paris, par Michel Buffet. — Jouxte l'exemplaire imprimé à Troyes. — 1587.

Discours véritable de l'exécution faite de cinquante
tant sorciers que sorcières exécutez en la ville de
Douay. — A Paris, chez Jullian Pillou, demeurant à l'Escu-de-France, près l'église Saint-
Étienne-du-Mont. — Jouxte la copie imprimée
à Mons-en-Hainault. — 1606.

Discours véritable d'un usurier, lequel miraculeu-
sement a esté mangé des rats, à Charret, proche
la ville d'Aix, en Provence, le 2 aouft 1606. —
Suyvant la copie imprimée à Lyon par Léger
Bon-Homme. — 1606.

Discours estrange & pitoyable d'une femme envers
ses enfans à l'occasion d'un faux monnayeur & pour
la nécessité d'elle & de ses dits enfans, laquelle
s'eft désespérée & pendue. — Ensemble ce qui eft
advenu à son frère & à sa belle-sœur pour le mesme
sujeɛt cy après déclaré. — Le tout véritable & ap-
prouvé & advenu auprès de Rouen en un village
nommé La Ferté-en-Bray. — A Paris, par Fleury
Bourriquant. — Au mont Saint-Hilaire, près le
puits Certain, *Aux Fleurs royales.* — 1608.

Discours véritable sur le calamiteux naufrage & déluge des glaçons au pays de Poitou, en Bretagne,
avec la perte d'un fauxbourg d'Orléans le 28ᵉ de
janvier. — A Lyon, par Jean Poyet. — 1608.

Discours véritable de divers prodiges arrivez en la ville
d'Angers comme tremblement de terre, signes très
horribles, vents en l'air, tempefte impétueuse & de

la furieuse fontaine qu'on appelle la *Fontaine Gode-line.* — A Paris, jouxte la copie imprimée à Tours. — 1609.

Discours véritable d'un sorcier nommé Gimel Truc, natif de Léon-en-Bretaigne, surprins en ses charmes & sorcelleries au pays de Vivarois. — Ensemble les receptes pour guérir le beftail que par sa subtil poison avait mis sur les champs en l'année 1609. — A Paris, jouxte la copie imprimée à Lyon, par Bottet. — 1609.

La grande cruauté de maffacre arrivé depuis n'aguères en la ville du Mans par une femme qui a esgorgé deux de ses filles, laquelle a efté bruslée en la place au Laict, devant Saint-Julien, le 15ᵉ octobre 1609. — A Lyon, par François de Laye. — Avec permiffion. — 1610.

Discours lamentable de trois jeunes enfans, lesquels ont efté exécutez & mis à mort dans la ville de Tours pour avoir donné plufieurs coups de cousteau à leur père, aagé de soixante-dix ans, le 17ᵉ d'avril 1611. — Avec les regrets & lamentations de leur sœur. — Imprimé à Paris par Frédéric Morel, imprimeur ordinaire du Roy. — Avec privilége de Sa Majefté. — 1611.

Hiftoire nouvelle, merveilleuse & espouvantable d'un jeune homme d'Aix en Provence emporté par le diable & pendu à un amandier pour avoir impiement blasphémé le sainct nom de Dieu & méprisé la sainête Meſſe; deux siens compagnons eſtant demeurez sans aucun mal. Arrivé le 12ᵉ janvier de la présente année 1614. — A Paris, par Fleury Bourriquant, en l'Isle-du-Palais, rue Traversante, *Aux Fleurs royales.* — Avec permiſſion. — 1614.

Discours prodigieux de ce qui eſt arrivé en la comté d'Avignon, contenant tant le déluge, degaſt des eaux & feu tombé du ciel que les ruines du pont de Sorgues, Bederide & Aubainien et autres prodiges eſtranges arrivez auxdits lieux, le dimanche 21ᵉ jour d'aouſt 1616. — A Paris, chez Nicolas Rouſſet, en l'Isle-du-Palais, vis-à-vis des Augustins. — Avec privilége du Roy. — 1616.

Hiſtoire prodigieuse & admirable arrivée en Normandie & pays du Mayne du ravage qu'y ont fait une quantité d'oyseaux eſtrangers & incognuz sur les fruiêts & arbres desdits pays; & ont ruiné & infeêté pluſieurs villes & mesme causé la mort de pluſieurs personnes au grand eſtonnement du peuple. — A Paris, chez Isaac Mesnier, rue Sainêt-Jacques, *Au Chesne Verd.* — 1618.

Hiſtoire espouvantable & véritable arrivée en la ville de Soliers en Provence d'un homme qui s'eſtoit voué pour eſtre d'Esglise & qui n'ayant accomply son vœu, le diable lui a couppé les parties honteuses & couppé encore la gorge à une petite fille aagée de 2 ans environs. — A Paris, chez Nicolas Alexandre, demeurant rue Sainêt-Étienne-des-Grecs. — 1619.

La desroute & deffaitte des trouppes du comte de
Chaſtillon, par Monseigneur l'admiral de Montmorency, avec la prise des villes d'Aubenas, Dye
& Creſt, rendue à l'obéyſſance du Roy. Ensemble
ce qui s'eſt paſſé au pays de Languedoc & Viva-
rets jusques à présent. — A Paris, chez Isaac
Mesnier, rue Sainct-Jacques. — Avec permiſſion.
— 1621.

Les signes effroyables nouvellement apparus en l'air
sur les villes de Lyon, Nismes, Montpellier &
autres lieux circonvoiſins au grand eſtonnement
du peuple. — A Paris, chez Isaac Mesnier, sur
la coppie imprimée à Lyon. — Avec permiſſion.
— 1621.

Hiſtoire véritable d'une femme qui a tué son mary,
laquelle après exerça des cruautez inouyes sur son
corps, exécutée à Soiran en Bourgongne, diſtant
d'une lieue d'Auſſonne, le 18 janvier 1625. —
A Lyon, par Germain Paris. — 1625.

Exécrable cruauté de trois voleurs habillez en hermites, lesquels tuoyent & desvalisoient tous les
paſſagers & voyageurs aux environs de Nantes en
Bretagne. Ensemble les meurtre & violement
d'une damoiselle de Poiɕtiers, femme d'un riche
seigneur de ladiɕte ville, commis par lesdits voleurs habillez en hermites. — A Paris, de l'imprimerie de M. Alexandre. — Jouxte la coppie
imprimée à Lyon. — 1625.

Récit véritable des choses eſtranges & prodigieuses,
arrivées en l'exécution de trois sorciers & magi-
ciens deffaits en la ville de Lymoges, le 24ᵉ d'a-
vril 1630. — 1630.

C'est de la Révolution que date à proprement parler le journal politique. En effet,
aussitôt qu'elle eut éclaté, un nombre extra-
ordinaire de feuilles de toutes sortes firent leur
apparition : mensuelles, hebdomadaires, quo-
tidiennes, royalistes ou populaires, élégiaques
ou satiriques. Ces feuilles s'intitulaient : *L'Ami
de la Juſtice, de la Loi, de la Conſtitution, dè la
Religion, des Citoyens,* etc.

Le 24 novembre 1789, *Le Moniteur universel*
fut publié pour la première fois. Puis, vers
1790, apparurent les journaux girondins : *Le
Patriote français, La Bouche de fer, Les Annales
patriotiques, La Sentinelle,* par Brissot, Fauchet,
Cara, Louvet, tous quatre républicains & révolutionnaires à une époque ou Barrère & Robes-
pierre étaient encore conservateurs & monar-
chistes.

Citons également l'une des plus intéressantes
publications de la Révolution : *Les Révolutions
de France & de Brabant,* de Camille Desmoulins.

Nous voyons en même temps surgir le fameux *Ami du Peuple,* de Marat. C'est ensuite *Le Père Duchesne,* cynique mais populaire, dont le langage violent exerçait une influence considérable sur la foule. Camille Desmoulins essaya de combattre cette feuille dans *Le Vieux Cordelier,* mais ses efforts ne furent pas couronnés de succès.

En même temps que les feuilles révolutionnaires, paraissaient quelques feuilles royalistes qui succombèrent toutes, d'ailleurs, à la suite de la journée du 10 Août; ce furent : *La Lanterne magique nationale,* rédigée par Mirabeau-Tonneau, un ivrogne; *Le Journal des Halles,* qui défendait la royauté en un langage poissard; *Les Actes des Apôtres,* journal rédigé en un style pompeux & lourd par les gros bonnets de la résistance royaliste. *Le Journal de la Cour & de la Ville* ou *Le Petit Gautier* n'était pas plus sérieux & encore moins littéraire. *L'Ami du Roi,* de Royan, n'était guère plus intéressant, & *La Gazette de Paris,* de Rozoy, était au-dessous de tout. Quant au *Journal de Suleau,* c'était une feuille pornographique & royaliste qui confondait en un singulier mélange Ver-

sailles & le Palais-Royal, Marie-Antoinette &
les filles.

Le 10 Août supprima d'un seul coup tous
les journaux royalistes, & la lutte fut circon-
scrite entre les feuilles girondines & les feuilles
montagnardes.

Le régime qui suivit cette époque révolu-
tionnaire fut non plus libéral, mais licencieux,
& la plupart des journaux deviennent un chaos
de divagations politiques dans lequel il est bien
difficile de se reconnaître.

C'est seulement au XIXᵉ siècle que le journal
devient, sous l'impulsion de M. Émile de
Girardin, en même temps que le propagateur
des différentes opinions politiques, le porteur
de nouvelles & l'organe de publicité de toute
nature qu'il est aujourd'hui.

LA
DÉCORATION DU LIVRE

LA DÉCORATION DU LIVRE.

———

Le livre, étroitement lié, comme la peinture elle-même, aux mœurs de la société de son temps, a reflété de siècle en siècle l'époque où il a vu le jour. Encore naïf à ses débuts & orné, quand il l'est, de figures fort rudimentaires, il devient railleur ou raisonneur au xvi⁰ siècle. Puis les figures sur bois font place à la gravure en creux qui, dès le xviiᵉ siècle, prend un air d'ennui solennel : les colonnades & les pilastres succèdent aux arabesques & aux rinceaux de la Renaissance; la Régence, puis les règnes de Louis XV & Louis XVI amènent l'illustration élégante & les bergeries du xviiiᵉ siècle. On nous dispensera de pousser notre revue jusqu'au faux classique mis en honneur par la Révolution.

Nous ne reviendrons pas ici sur l'histoire

de l'imprimerie issue, on se le rappelle, de la
xylographie ou impression tabellaire au moyen
de planches entières taillées en relief sur bois.
Dérivé de l'estampe isolée, telle que le fameux
Saint Christophe répandu dès 1423 parmi la po-
pulation pauvre & ignorante, qu'accompagna
bientôt un texte explicatif, le livre illustré,
sous sa forme xylographique, parut dans la
première moitié du xve siècle en Flandre d'où
il se répandit dans la région rhénane, & enfin
à Paris. Bornée d'abord à un rôle fort restreint,
l'exécution des lettres ornées, la xylographie
passa bientôt de la simple décoration à l'illustration. Seulement les premiers imprimeurs,
ne cherchant toujours qu'à donner au public
l'illusion du manuscrit, faisaient encore enlu-
miner leurs illustrations à la main. On se contentait donc de les graver au trait; certains
éditeurs même en laissaient la place en blanc
à des miniaturistes qui y apportaient des compositions personnelles. Pendant longtemps assez
rudimentaires, les figures gagnèrent en pureté
suivant les régions & le mérite individuel des
ouvriers d'art.

Paris, qui dans cette voie se laissa devancer

par une douzaine d'autres villes, les dépassa
bientôt par le nombre & l'intérêt de ses productions qui le placèrent au premier rang dans
le domaine du livre illustré. Dès 1481, Jean
Du Pré débuta assez modestement en imprimant le *Miſſale parisiense* auquel il ajouta deux
grandes planches fort expressives; les *Cas &*
Ruines des nobles hommes, de Boccace, le suivirent
de près (1483).

A ce moment la gravure sur bois parisienne,
par la finesse de son goût, se créa un domaine
où elle n'avait guère de rivaux : celui des
livres d'Heures, où elle montra une personnalité très caractérisée, & y créa des chefs-
d'œuvre.

Il semble même que c'est par ces livres de
prières à l'usage des fidèles de toute condition,
ouvrages d'un débit assuré, qu'il aurait fallu
commencer; mais il y avait une difficulté. Les
livres de prières écrits sur vélin dont on se servait jusqu'alors étaient ornés d'initiales peintes
en or & en couleurs, de miniatures & d'encadrements plus ou moins nombreux & soi-
gnés. Dès la première page, le calendrier com-
portait de petits sujets délicatement peints où

figuraient les travaux & les plaisirs propres à chaque mois de l'année; les fêtes mobiles, les offices des saints & des morts donnaient lieu à de plus grandes miniatures représentant des sujets tirés de la Bible ou de la vie des saints. Enfin les bordures des pages, plus ou moins riches & variées, offraient des fleurs, des fruits, des insectes, des oiseaux, etc. Ces riches volumes, considérés comme des objets de prix, se transmettaient au sein des familles d'une génération à l'autre. Habitué à des livres d'Heures où une décoration artistique était l'accompagnement obligé de toute lecture pieuse, comment aurait-on pu accueillir sans résistance de simples livres imprimés qui en étaient totalement dépourvus? Il fallait, pour les faire accepter, emprunter le concours de la gravure sur bois, & reproduire autant que possible les illustrations des Heures manuscrites dans les imprimés.

L'industrie de la grande cité approvisionna de ses livres d'Heures, tant français qu'anglais, flamands, italiens ou espagnols toute l'Europe. Le plus ancien que l'on connaisse aujourd'hui est dû à Antoine Vérard, qui l'acheva en juillet

1487 : il est orné de vingt-huit gravures sur bois imprimées au frotton, puis coloriées au patron, mais encore sans bordures [1]. De 1487 à 1513 il édita plus de deux cents éditions d'ouvrages : *Le Mystère de la Passion,* avec quatre-vingts figures ; *Les Grandes Chroniques ; La Guerre des Juifs,* de Josèphe ; *La Légende dorée,* de Voragine, & bien d'autres, tous illustrés. Son succès eût été tout autre, sans l'état rudimentaire de ses bois & la grossièreté de l'exécution qui l'entrava singulièrement.

Pouvons-nous quitter le nom fameux de Vérard sans rappeler le souvenir d'une dynastie d'imprimeurs & de graveurs, les Le Rouge, dont quelques-uns tout au moins comptèrent parmi ses plus fidèles collaborateurs ? Singulière destinée de cette famille d'artistes, originaires de Chablis en Bourgogne ; dans cette bourgade éloignée des grands centres, toute vouée à la culture de la terre, rien ne semblait devoir intéresser les esprits aux nouveautés venues de Strasbourg ou de Mayence : rien, si ce n'était l'influence intellectuelle de l'abbaye de Saint-

[1] Voir, pour plus de détails à ce sujet, Renouvier, *Des gravures sur bois dans les livres d'Ant. Vérard,* Paris, 1859.

14.

Martin de Tours qui, depuis le ixe siècle, où ses moines, fuyant devant les Normands, furent accueillis par Charles le Chauve à Auxerre, possédait le monastère & une partie du village de Chablis &, à six siècles d'intervalle, put revendiquer comme les derniers héritiers de son école, jadis si célèbre, des noms tels que ceux de Fouquet, en Touraine, des Le Rouge en Bourgogne.

Nous trouvons des membres de cette famille dès 1472 à Venise avec Nicolas Jenson, à Chablis qui devint en 1478 la cinquième ville de France ouverte à l'imprimerie, enfin à Paris.

Entre tous les autres, Pierre, puis son fils Guillaume sont des figures de premier plan : émules du petit nombre d'artistes restés fidèles aux vieilles traditions des miniaturistes français en abordant la décoration du livre imprimé, ils en devinèrent le brillant avenir & se vouèrent sans arrière-pensée à la typographie qui, fortifiée par leur expérience des arts graphiques, allait les conduire à une si féconde activité.

Pierre Le Rouge, qui avait déjà exercé à Paris la profession de calligraphe, enlumineur

& miniaturiste, fut l'un des premiers à appliquer la gravure sur bois à l'illustration du livre presque inconnue dans la capitale avant lui : moins pour son compte personnel, il est vrai, car il ne signa aucune impression de son nom avant 1487, que pour divers éditeurs, Antoine Vérard surtout, Guy Marchant aussi & Le Caron. En 1485 parut chez Guy Marchant sa *Danse des morts,* la fameuse légende du moyen âge, dont il avait emprunté les scènes aux peintures si populaires du charnier des Innocents : cette publication, qui passe pour la première édition de toutes les *Danses macabres,* constitue un fait capital dans l'histoire de l'art. La même année, il en parut également une chez Vérard, où l'artiste, si nous pouvons ainsi dire, se surpassa lui-même. Les bois, d'une facture magistrale, présentent en partie une telle ressemblance dans les deux éditions qu'on a souvent confondu celles-ci entre elles, sans qu'il soit possible d'établir de supériorité de part ni d'autre ; les dernières diffèrent tant par la composition des scènes que par la dimension. Dans leur ensemble, dignes de toute l'attention des artistes, elles donnent à chaque personnage sa physionomie individuelle, & sont visiblement l'œuvre d'un dessinateur de mérite & d'expérience.

C'est bien ainsi qu'en jugea le public lui-même dont la faveur provoqua des rééditions jusqu'à la mort de l'auteur en 1493.

En 1487, nous l'avons dit, Pierre édita pour la première fois à son compte personnel en qualité d'imprimeur royal : il s'agit cette fois des *Quodlibeta* du philosophe anglais Ockam ; en même temps il continua à imprimer & illustrer pour les éditeurs. Bornons-nous à citer, en 1488, les *Grandes Heures* dont les diverses éditions firent la célébrité de Vérard.

La Mer des Histoires, traduction française d'une compilation latine parue en 1488 & 1489, nous apporte près de deux cents très remarquables gravures sur bois, dont plusieurs, il est vrai, se répètent : le magnifique L du titre, accompagné de la reine de Lydie avec un chevalier bardé de fer, annonce à lui seul un maître.

Dans le *Lucan, Suétone & Salluste,* paru en 1490, nous relevons l'ornementation historiée de trois grandes initiales : L, S, P, avec des accolades & des entrelacs où se groupent saint

George, la reine de Lydie, l'auteur lui-même devant son pupitre, puis des dragons; partout des feuillages, & des bordures dans le goût des livres d'Heures.

La composition en est ferme, la taille faite de hachures courtes & bien prises.

Rappelons encore, en 1492, l'une des plus belles productions de notre imprimeur pour Vérard : *L'Art de bien vivre & bien mourir,* l'un de ces nombreux livrets populaires qui étaient les meilleurs manuels d'enseignement moral & religieux par l'illustration : nous y trouvons la figuration des sacrements; ailleurs, avec la naïve conception des siècles passés, les joies du paradis & les peines de l'enfer.

En 1493 enfin, ce fut le *Calendrier des Bergers,* dont on attribue le dessin à Pierre, la gravure à son fils Guillaume & à son neveu Nicolas. Il mourut, semble-t-il, presque aussitôt, car on ne trouve dès lors plus trace de lui &, la même année, Guillaume commença à imprimer des ouvrages nouveaux ou à réimprimer ceux qu'il avait recueillis avec la succession paternelle. A cette date, en effet, il imprima pour Vérard deux romans du moyen âge : le

*Traité de l'amour parfait de Guingardus & Sigis-
monde* & *l'Histoire d'Euryalus & de Lucrèce,* ornés de la même planche de dédicace : l'auteur
à genoux offrant son livre au roi, qui pro-
venait visiblement de l'atelier de Pierre Le
Rouge.

Successivement parurent *L'Arbre des batailles,*
une compilation jadis écrite à la demande de
Charles V, une reédition de *L'Art de bien vivre
& bien mourir* &, en 1495, des livres d'Heures.
La plupart de ces ouvrages, suivant l'usage
du temps, ajoutaient à un certain nombre de
planches nouvelles d'autres illustrations déjà
utilisées pour des ouvrages antérieurs.

Le Jardin de plaisance, en 1499 ou 1500, apporte de curieuses pièces de poésie avec une
série de planches exécutées dans un but purement industriel. Pressé par des demandes toujours croissantes, le graveur a imaginé un système de petits bois mobiles & rapprochés pour
l'impression suivant les scènes à composer sans
grande dépense de matériel : ils figurent des
hommes, des arbres, des maisons, des animaux.
Des banderoles, au-dessus des personnes, portent des noms variables suivant les cas. Cette

combinaison, appropriée à un public peu exigeant, s'est répétée dans nombre de publications de Vérard.

En 1501, le *Psautier de N.-D. selon saint Jérôme,* avec vingt & une gravures à mi-page, dont plusieurs se répètent, inaugura le système, depuis lors si fréquent, des passe-partout : le bois qui représente le saint à genoux est accolé à toutes les planches figurant des scènes du Nouveau Testament, & dispensait de graver un nouveau sujet pour chacune.

En 1503, le fait est trop rare pour échapper à notre attention, Guillaume exécuta encore pour Vérard les éditions anglaises de trois publications de son père : *L'Art de bien vivre & bien mourir,* le *Calendrier des Bergers,* & les *Heures de la Vierge,* avec d'anciennes planches de la maison.

Dès l'année 1488, Philippe Pigouchet entra dans la voie ainsi ouverte : il commença par imprimer pour son propre compte des livres d'Heures d'un goût bien gothique, mais charmant dans sa naïveté gauloise, puis devint l'imprimeur attitré de Simon Vostre, le plus grand éditeur dans cette spécialité au xve siècle. De

cette longue collaboration entre l'imprimeur
& le libraire est sortie l'illustration du livre en
France. Favorisée par la variété des encadrements, l'opération réussit fort bien, & elle fut
renouvelée avec un choix plus grand encore
de décorations; la finesse du trait & l'absence de
toute bavure sur les bords permettent, il est vrai,
de présumer l'intervention, cette fois, de la gravure sur métal, à la place du bois que le coup
de la presse eût vraisemblablement déjeté.

Plus pénétré que Vérard du sentiment de
l'art, Vostre apporta plus de fini dans le dessin
& la gravure de ses planches, de façon à en
rendre le coloriage superflu, & plus de variété,
de goût & d'originalité dans les encadrements.
C'est là toute l'explication de la singulière fortune qui lui permit de porter les éditions de
ses Heures au chiffre, inouï pour l'époque, de
trois cents de 1488 à 1520. De petites vignettes
à sujets, très heureusement rapprochées de jolis motifs d'ornementation, forment des suites
d'histoires de l'Ancien & du Nouveau Testament; elles s'accrurent graduellement de la
Danse des morts, en soixante-six sujets, d'épisodes de la vie réelle, jeux d'enfants, bergeries,

chasses à courre, scènes d'intérieur, ou de feuillages & fleurons de convention, mêlés de bêtes fantastiques ou d'arabesques.

Ces divers éléments, si heureusement résumés dans les *Heures à l'usage de Rome,* de 1488, dont la Bibliothèque nationale possède un exemplaire, constituent les principaux caractères de cette illustration dans ce qu'on pourrait appeler sa première manière. Ici la marque de Pigouchet, un homme & une femme sauvages, au milieu d'une végétation luxuriante, portant suspendu à un arbre exotique le cartouche au double P, occupe la première page.

Plus tard & à partir de 1498, les Heures de Vostre, dans leur ensemble, présentent bien encore un caractère gothique, mais avec un surcroît d'ornements & de compartiments dans leurs bordures & de nouveaux grands sujets. L'exécution aussi prend plus de richesse, surtout dans l'application des fonds criblés. Dans ces Heures de la seconde manière, si nous pouvons nous exprimer ainsi, la marque de Pigouchet fait parfois place, sur le titre, à celle de Vostre, où le cartouche au chiffre du libraire, suspendu à un arbre, est soutenu par deux léopards. Les grandes planches ainsi que les bordures s'augmentent de sujets nouveaux, qu'accompagnent des dits en vers français, tantôt naïfs, tantôt simplement plats, tels que ceux-ci :

Honorés sont saiges & sots,
Carmes, Augustins & bigots.

ou encore :

La femme Putiphar requist
Joseph d'amour désordonnée.

Ces Heures constituent à peu près toute l'œuvre du libraire; on ne cite, à part cela, que peu d'ouvrages publiés par lui, notamment la *Vie de saint François,* dont les deux planches sont d'une taille grossière, inégale & inférieure à tout ce que nous avons vu ailleurs.

A côté d'un artiste d'une portée si haute, expressif & sobre, gracieux sans mièvrerie, original sans recherche, nommerons-nous ses concurrents, à vrai dire quelque peu ses imitateurs?

L'influence de l'art allemand, de Schöngauer, d'Albert Dürer, déjà sensible, il faut bien le reconnaître, dans certaines compositions à toute page de Simon Vostre[1], s'accentua encore chez ses successeurs, jusqu'au jour où elle s'effaça devant l'école italienne de Fontainebleau.

Thielmann Kerver suivit le mouvement &, dès 1497, il commença à publier des Heures ornées d'encadrements sur bois; puis en société avec Simon Vostre, le *Mißel de Paris*.

Poursuivant la voie ouverte par ses devanciers, le plus fécond producteur de livres d'Heures au temps de François Ier fut Geoffroy Tory, à la fois dessinateur, graveur, imprimeur & libraire. Le caractère de son illustration a totalement changé : entièrement gravée au trait, elle n'a plus rien du moyen âge français. Ce sont des arabesques renaissance, comme dans les *Heures à l'antique* (1525 & 1531), ou des bordures de fleurs, de fruits, d'oiseaux, comme dans les *Heures à la moderne*. C'est lui qui, vers 1520, dessina & grava pour l'éditeur Simon de Colines les *Heures de la Vierge* : merveilleuse-

____

[1] Voir, par exemple, *Le Portement de croix,* qui reproduit trait pour trait un modèle de Schöngauer. Ce cas, cependant, n'est pas général & d'autres bois, tels que *La Mort de la Vierge,* sont d'inspiration purement française.

ment encadrées dans des ornements d'un dessin encore inconnu en France, elles portent,
en dépit d'une certaine tendance vers le goût
italien, que leur auteur avait rapportée d'un
séjour au delà des monts, un caractère essentiellement français; il y ajouta en 1543 les
Grandes Heures, ornées de superbes cadres d'arabesques, tantôt en clair, tantôt en noir sur fond
blanc, qui sont l'un des plus beaux monuments de la Renaissance française.

C'est vers 1532 que le roi François fit venir
à Fontainebleau le Rosso : ce Florentin, qui
n'avait guère été goûté dans son pays, ne vit
réellement briller son étoile que du jour où il
prit le parti de se réfugier en France. L'audace
de son dessin & la virulence de son coloris
plurent à son nouvel entourage. La vérité est
qu'il ne tenait que fort peu de ses prédécesseurs Léonard de Vinci et André del Sarto.
Simple peintre de pratique, chez qui l'ambition
étouffait le jugement, c'est en vain qu'il se ré-
clamait de l'école de Michel-Ange : ses figures
étaient outrées dans leur musculature, théâ-
trales dans leur attitude. La manière préten-
tieusement pédantesque du Rosso laissa des

traces funestes en France; mais elle précéda, sans y participer, la fondation de l'école proprement dite de Fontainebleau par deux Italiens qui y ont réalisé l'union de la manière italienne avec les tendances françaises.

Le Primatice a introduit par son influence le style précieux qui chez Jean Goujon marche de pair avec le respect de l'antique. Le Rosso une fois mort, il lui succéda dans la confiance du roi : c'est lui qui fut le véritable décorateur de Fontainebleau, son premier soin ayant été de faire disparaître presque toute l'œuvre de son prédécesseur, de substituer à ses peintures sauvages des compositions dépourvues de sentiment, mais d'un caprice séduisant & d'une grâce toute superficielle.

Nicolo dell' Abbate fut son principal collaborateur : tous deux confondirent leur manière dans les fresques de Fontainebleau. La plupart de leurs sujets sont empruntés à la mythologie classique. Quant à la suavité du Primatice, elle est sans idéal, sa hardiesse sans énergie : il a pris à la Renaissance italienne & transplanté sur le sol de notre pays un style particulièrement apte à la décoration : style élégant qui gagnait d'autant plus de grâce exquise qu'il s'appliquait à des morceaux de dimensions assez restreintes pour permettre de rechercher la perfection dans le fini du travail.

En résumé, l'école de Fontainebleau a retardé l'avènement du grand art dans la peinture française, mais elle a contribué dans une mesure notable au développement des qualités courantes du goût national. Le Primatice, il faut lui en reconnaître le mérite, a cherché à acclimater en France la fresque décorative dans ses applications les plus séduisantes; mais il s'est trompé en voulant à la fois perpétuer l'œuvre des grands fresquistes italiens & inaugurer l'ornementation compliquée : ces deux systèmes, en empiétant l'un sur l'autre, se sont nui réciproquement.

Par contre-coup, cette école étouffa l'originalité native de nos graveurs sur bois, & en prépara la décadence : l'ère de la gravure au burin allait s'ouvrir. Christophe Plantin, Tourangeau transplanté dans les Flandres, inaugura la transition par une association bizarre des deux

genres dans un *Office de la Vierge* (1573), où
les encadrements des pages sont gravés sur
bois & les planches sur cuivre. Dès lors les
Heures ornées de gravures en taille-douce ne
cessèrent de se propager dans notre pays. Aux
deux siècles suivants, ces gros volumes se réduisirent à de minces Offices qu'on ne se
donnait presque plus la peine d'illustrer.

Tous ces éditeurs ne se bornaient pas à la
diffusion des livres d'église. Vérard donnait
le *Décaméron*, de Boccace, le roman de *Tristan*,
la *Consolation*, de Boëce, l'*Ordinaire des chrétiens*,
accompagnés de planches. D'autres s'empa-
raient de quelque morceau de littérature populaire, & surtout de ces œuvres, expression d'un
tragique mysticisme, si souvent reproduites
par le moyen âge à son déclin sur les murs
des cloîtres & des cimetières : les *Danses
macabres*, où chaque pays, presque chaque
ville peignait à sa façon l'universel assujettis-
sement des hommes au pouvoir de la mort,
& l'égalité de tous, du mendiant à l'empereur &
au pape, devant la tombe. Dès l'année 1485,
Guy Marchant édita l'une de ces œuvres contenant dix-sept planches en dix feuilles in-folio;

III.   15

l'an d'après, une nouvelle édition apporta un supplément de figures où l'illustration française se montrait en progrès sensible. En peu de temps, le décorateur avait triomphé de sérieuses difficultés & atteint un haut degré d'élégance & de correction. La page du titre porte la désignation de l'ouvrage & les noms de l'imprimeur & du libraire entourés d'un cadre mobile, parfois dans les deux couleurs rouge & noire.

Une œuvre charmante est la *marque* du libraire, placée soit à la fin du livre, soit au début, à la suite du frontispice qui représente l'auteur faisant hommage de son œuvre à la Vierge, à son saint patron ou à quelque puissant protecteur terrestre. Traitée le plus souvent en *blason,* où les initiales sont reçues par un écusson que soutiennent des supports héraldiques taillés avec grand soin, elle reproduit soit un sujet emprunté à la Bible, à la mythologie, à l'histoire ancienne, soit simplement une allégorie ou un rébus faisant allusion à l'enseigne de la maison. Citons, parmi les plus anciennes, celles d'Ulrich Gering qui adopta le soleil d'or; de Geoffroi de Marnef,

le pélican; de Louis Martineau, de Tours, les
armes de la ville de Paris; de Thielman Kerver,
la licorne; de G. Eustace, le sagittaire, etc.
D'autres imprimeurs se bornaient à un monogramme composé de leurs initiales grou-
pées d'une façon plus ou moins bizarre[1]; ces
dernières parfois sont accompagnées d'apo-
phtegmes philosophiques, de dictons satiriques, de salutations comme celle de Bocard
qui s'exprime ainsi :

> *Honneur au roy & à la court,*
> *Salut à l'Université*
> *Dont noſtre bien procède & sourt.*
> *Dieu gart de Paris la cité.*

L'illustration a su encore tirer parti du
portrait : procédé déjà fréquent dans les manuscrits[2]. En présentant les traits de l'auteur en
tête de son ouvrage, on invoquait en quelque

[1] On peut voir, sur cette question, SILVESTRE, *Marques
typographiques des libraires & imprimeurs*, 2 vol., Paris, 1867,
et DELALAIN, *Inventaire des marques d'imprimeurs & de libraires*, Paris, 1886-1888, gr. in-8°.

[2] On consultera avec fruit, sur le portrait dans la
gravure sur bois, RENOUVIER, *Des portraits d'auteurs dans
les livres du XVᵉ siècle*, Paris, 1863.

sorte l'intérêt & la sympathie du lecteur. La diffusion de l'imprimerie, il est vrai, communique à ces portraits un caractère de banalité conventionnelle qui permettait d'appliquer le même bois tantôt à un auteur, tantôt à l'autre, à Homère aussi bien qu'à Esope. Ce n'est qu'au xvi⁰ siècle que le portrait acquit assez de perfection pour constituer un digne ornement du livre. Plus d'une fois au cours de ce siècle l'auteur paraît encore écrivant son livre : l'une des plus anciennes planches de ce genre représente Boccace dans la position assise en tête du *Cas des nobles hommes,* édité par Jean Dupré en 1483.

Dans son curieux livre du *Champfleury,* paru en 1529, Geoffroy Tory s'appropria la doctrine même « d'Albert Dürer, noble painctre allemand... qui a si bien mis en lumiere son art de painaure en désignant les corps de geométrie, les rampars de guerre, & les proportions du corps humain » pour étudier, entre diverses questions grammaticales, le caractère symbolique des lettres & les rapports de leurs dimensions avec les proportions du corps humain. Il accompagna ses développements d'une foule de charmantes petites figures qu'il attribuait à Perréal, le fameux maître Jean de Paris, puis de lettres emblématiques, telles que Y dont les deux branches, expliquait-il, sont celles : de vertu qui porte des palmes, des couronnes, un sceptre & un livre; & de vice qui porte des verges, une potence & le feu.

On connaît le magnifique bois qui orne la traduction de Diodore par Antoine Macault, l'ami de Clément Marot & son collègue comme valet de chambre du roi : composition de premier ordre & que Holbein lui-même n'a pas surpassée. C'est à Tory encore, malgré l'absence de tout monogramme, que nous pouvons en attribuer le dessin & la gravure. Dans un cadre de proportions restreintes on reconnaît les principaux personnages avec leur physionomie individuelle; debout devant le roi qu'entoure une nombreuse assistance, le traducteur donne lecture de son travail. Cette œuvre marqua le point culminant de l'illustration du livre avant les errements de l'école de Fontainebleau qui rabaissa le goût public à la recherche de la préciosité, des poses

mièvres & maniérées; elle en vint à dédaigner
comme surannées les simples & naïves compositions des vieux graveurs français. Les décorateurs du livre acceptèrent cette nouvelle conception de l'art, qui s'adaptait fort bien aux
emblèmes & aux allusions mythologiques,
& ils composèrent nombre d'ouvrages qui se
prêtaient à l'utilisation technique de leurs modèles d'ornement. C'est à cette tendance que
nous devons tant d'ouvrages parus à Lyon
chez Jean de Tournes tout comme à Paris, &
qui inspirèrent en cent reproductions diverses
l'art industriel du temps.

Jean de Tournes, puisque nous venons de
le nommer, bien qu'il dépasse le cadre spé-
cialement parisien de cette étude, l'un des
meilleurs imprimeurs du xviᵉ siècle, dut à la
correction du texte, à la beauté de l'impression
la renommée de ses éditions : le *Pétrarque,* le
Vitruve; c'est pour lui qu'un dessinateur formé
à l'école de Jean Cousin [1], Salomon Bernard,

---

[1] L'un des plus grands artistes français du xviᵉ siècle,
Jean Cousin, fut non moins renommé comme illustrateur que comme géomètre, peintre & graveur. Son *Livre
de perspective,* paru à Paris en 1560, est orné de gravures

dit *le petit Bernard*, à cause de la dimension restreinte de ses compositions sur bois, illustra nombre d'ouvrages aujourd'hui rares & recherchés : tels sont les *Alciati emblemata* (1547), avec cent treize jolies figures qui, bien plus que le texte, retiennent aujourd'hui l'attention des amateurs; les *Figures de la Bible*, avec deux cent trente & un dessins dont la parfaite exécution donne une haute idée du talent des artistes lyonnais à cette époque. La planche du *Déluge* passe pour son chef-d'œuvre : malgré une égalité de tons qui supprime l'effet & empêche les derniers plans de fuir suffisamment, on est émerveillé de voir toutes ces petites figures se presser, s'entasser sans confusion dans un si étroit espace; les *Métamorphoses*, d'Ovide, traduites par Clément Marot, pour lesquelles Bernard dessina des vignettes & des entou-

«pourtraittes de sa main sur planches de bois» & taillées par l'imprimeur Jean Le Royer, où apparaît la science des raccourcis dans laquelle il excellait. Son *Livre de pourtraiture* (Paris, 1571) témoigne, par la sûreté, la force & le caractère du dessin, combien il avait approfondi cet art. On lui attribue encore, & non sans fondement, deux cents dessins d'un manuscrit conservé à la Bibliothèque de l'Institut, *Le Livre de fortune.*

rages; & l'*Enéide,* de Virgile, traduite par Louis Des Mazures, dont chaque chant est illustré d'une grande composition.

C'est à ce moment que la gravure en creux vint contre-balancer l'importance exclusive des figures sur bois, surtout dans les estampes isolées; mais la nécessité d'imprimer à part & successivement le texte, puis les planches, rendait le procédé plus compliqué. Fort simple en théorie, mais d'une pratique assez délicate, ce mode de gravure consiste à exécuter sur une planche de cuivre les lignes du dessin en entamant le métal avec un instrument acéré, la pointe sèche; puis on accentue les tailles ainsi indiquées avec le burin qui produit des incisions angulaires. Les critiques d'art en attribuent l'invention à un orfèvre florentin du xvᵉ siècle, Maso Finiguerra. Depuis longtemps les orfèvres ainsi que les armuriers appliquaient les *nielles*[1]

[1] Ornements gravés en creux sur une pièce de métal dont les traits étaient remplis d'un émail noir composé d'argent, de cuivre, de plomb, de borax & de soufre fondus ensemble au creuset. Ce mélange laissait intactes les parties non gravées, & une fois incrusté, par le refroidissement, dans les tailles, il offrait un dessin en émail noir qui ressortait sur le champ métallique soigneusement poli.

à la décoration des reliquaires, des calices, des
coffrets, des épées & des cuirasses. Non con-
tent de prendre, comme les nielleurs, avec de
la terre, puis avec du soufre, l'empreinte de son
travail avant de l'émailler, Finiguerra alla jusqu'à tirer des tailles, au moyen d'une encre
grasse composée d'huile & de noir de fumée,
sur un linge humide, une épreuve qui res-
semblait en certaines parties à un dessin à la
plume. Dès 1452, après de longs tâtonnements,
il avait résolu le problème qui a illustré son
nom, ainsi qu'en témoigne le fameux *Couronnement de la Vierge,* dont Zani retrouva, en
1797, au Cabinet des estampes de la Bibliothèque nationale, une gravure avec date, tirée,
avant le niellage, sur une plaque d'argent à
usage liturgique qu'avait exécutée le maître
pour le baptistère de Saint-Jean, à Florence.

Qui compléta l'invention? Peut-être Man-
tegna, à qui Vasari, dans ses *Vies des peintres
célèbres,* attribue l'invention de la gravure au
burin, fit-il un art de ce qui n'était qu'un
procédé de métier, en étendant la gravure, de
l'impression des nielles, à l'imitation des œuvres
d'art?

A cette tradition italienne, d'autres opposent la tradition allemande, qui place l'origine de la gravure en creux au delà du Rhin. Entre les deux la question reste indécise. On consultera à ce sujet l'introduction générale du *Manuel de l'amateur d'estampes*, Paris, 1882-1886.

Bien qu'elle remontât au milieu du XVe siècle, ce n'est cependant guère que vers 1550 qu'elle devint l'instrument préféré des meilleurs artistes. C'est avec le concours de la taille-douce qu'Androuet Du Cerceau exécuta les trente planches de ses *Plus beaux bastiments de France* (1576-1579), & Thevet les figures de sa *Cosmographie universelle* & de ses *Hommes illustres*.

Sans néanmoins disparaître, les figures sur bois s'appliquèrent surtout aux portraits d'auteurs que plaçaient en tête de leurs œuvres Clouet & les dessinateurs de son école, dont la touche est si reconnaissable à la netteté des physionomies. L'une des plus belles planches sur bois, à cette époque, est celle, gravée peut-être par Gourmont, qui représente Christophe de Savigny, au frontispice de ses *Tableaux accomplis de tous les arts libéraux* (1587), offrant son ouvrage au duc de Nevers. Au temps de Henri IV la gravure sur bois avait presque absolument disparu du livre pour deux siècles. Christophe Plantin, qui devint à Anvers le plus important éditeur du xvie siècle, y créa un art précieux & un peu solennel; nous pouvons ajouter qu'il contribua, peut-être plus que tout autre, à la diffusion de la gravure en taille-douce, dont l'un des plus beaux monuments à cette époque fut sa superbe Bible latine de 1583, ornée de quatre-vingt-quatorze gravures sur cuivre; c'est lui qui inaugura ces frontispices au burin, en forme de colonnades, de portiques de cathédrales, genre un peu chargé & compliqué qui devait se transmettre à tout le xviie siècle, époque de réelle décadence pour l'art décoratif. Cette école sévit bien au delà des frontières flamandes, jusqu'en France où soufflait, depuis la disparition du Béarnais, un vent de réaction contre l'esprit hardi, volontiers combatif, du xvie siècle : réaction d'hypocrisie, d'emphase, d'entraves aux manifestations de la pensée &, par suite, à leur propagation par les imprimeurs & les libraires. Deux artistes furent, à Paris, les interprètes de l'école plantinienne d'illustration, y multiplièrent les ouvrages à frontons solennels, à saints ou prélats mitrés & exhalant un parfum d'orthodoxie : Thomas de Leu qui grava de nombreux portraits, associé au peintre Antoine Caron, & Léonard Gaultier, allié à Jaspar Isaac.

Leu, qui possédait un talent incontestablement original, malgré sa froideur, mais précieux & recherché, grava pour le libraire Leclerc des figures historiques qui portent un cachet de réelle vérité; mais c'est sur les frontispices d'ouvrages théologiques qu'il reporta toute sa prédilection. Il triomphait dans l'exécution des pilastres & colonnades à la manière grecque, où il rangeait avec une singulière hardiesse souvent un assez grand nombre de prélats, comme ce fut le cas en tête de la *Bibliotheca veterum patrum*. C'est ainsi qu'en 1611 il grava pour Sébastien Cramoisi le frontispice de l'*Aigle françois,* recueil de sermons de Th. Giroult. Ce frontispice, modifié comme un simple passe-partout, servit encore quelques années plus tard au même éditeur pour les sermons de Hezèque.

De bois il n'était plus question; tout au plus relevait-on parfois une marque typogra-

phique gravée en bois au milieu d'un titre
gravé en creux, sans souci du disparate que
créait la juxtaposition de deux procédés aussi
divers, au point de faire regretter les frontispices du siècle précédent.

Les frontispices! tel fut le fond de l'ornementation du livre dans la première moitié du
xvii⁰ siècle. Jean Picart, l'un des plus féconds
parmi les graveurs de vignettes parisiens, en exécuta un, lui aussi, avec portique & personnages,
pour l'*Histoire de la maison de Châtillon-sur-
Marne*, publiée par le même Cramoisi. Claude
Mellan n'apporta pas moins d'aisance & de
souplesse à ces créations d'ordre secondaire; il
grava un portrait du roi pour le *Code Louis XIV;*
un portrait de Richelieu en tête de la *Perfection
du chrestien;* des frontispices encore pour l'*Instruction du Dauphin,* publiée par Cramoisi; pour les
Œuvres de saint Bernard & les *Poésies du pape
Urbain VIII,* parues à l'Imprimerie royale.
Crispin de Passe enfin, le représentant le plus
en vue d'une famille d'artistes néerlandais, se
fixa à Paris, où il exécuta en 1623, pour Lan-
gelier, les figures du *Manège royal,* de Pluvinel,
le maître d'équitation de Louis XIII.

C'est Callot qui apporta à l'illustration française une vie nouvelle; sous l'impulsion de son génie, elle quitta son caractère guindé & renfrogné. Ne procédant de personne, & par sa seule originalité, il conquit dans le domaine de l'art une place de premier ordre. Après avoir commencé, durant un séjour d'études à Rome & à Florence, par manier le burin, il le quitta pour recourir à la pointe & à l'eau-forte, dont le genre était plus conforme à son esprit ingénieux & fécond.

Sans être un vignettiste, car ses prétentions visaient bien plus haut, l'artiste lorrain ne dédaignait pas de prime abord le frontispice; de retour à Nancy, en 1622, il en fit pour le *Coustumier* de sa province natale & pour maint autre ouvrage. Mais il consacra toute une série d'eaux-fortes à la *Lumière du cloiſtre*, éditée en 1646 par Langlois; puis une seconde série à la *Vie de la Vierge*. Deux suites de douze pièces, *La Nobleſſe & Les Gueux*, témoignent de la distinction de son talent, du spirituel imprévu de sa pointe. Plus tard encore, en 1633, son horreur de la guerre lui inspira la fameuse suite des *Misères de la guerre*, dans laquelle il dessina & grava, de sa pointe mordante, les maux soufferts par ses concitoyens[1].

Avec Abraham Bosse, la décoration du livre atteignit un nouveau degré de développement : lettres ornées, têtes de page & culs-de-lampe se multiplièrent, contribuant sous sa main à établir une gracieuse harmonie entre le texte & son illustration. L'un des plus féconds entre tous les artistes; il aborda tour à tour les sujets les plus opposés, graves ou gais, dans ses estampes. Personnel & ingénieux jusque dans les sujets les plus compliqués, il illustra successivement le *Suétone,* paru en 1644 à l'Imprimerie royale du Louvre; l'*Histoire de saint Louis;* la *Pucelle,* de Chapelain, sans parler d'une foule de livres de piété.

L'une de ses estampes les plus renommées est celle qui représente une boutique de libraire au XVIIe siècle; document d'un haut intérêt pour l'histoire des mœurs & qui nous apprend, par la naïveté pittoresque du détail, ce qu'était l'un de ces étalages, tels qu'ils s'ouvraient autour des piliers du Palais & jusqu'aux abords

[1] On consultera avec fruit les *Recherches* de Meaume sur la vie & les ouvrages de Callot; 2 vol., Paris, 1860.

de la Grant Salle. Dans un local fort sommairement aménagé, la marchande offre à un survenant la *Mariane* qui «vient de paraître». Sur les rayons s'alignent les ouvrages les plus divers sur l'histoire de France ou d'Espagne, une *Biblia sacra, Plutarque, Cicéron,* l'*Astrée* d'Honoré d'Urfé, *Sénèque, Machiavel,* plus loin *Rabelais,* le *Moyen de parvenir, Boccace,* l'*Arétin,* l'*Ariane* de M. Desmarets, tandis que d'autres amateurs bouquinent, feuillettent les livres à leur portée ou s'en vont avec leurs achats.

Sous Louis XIV, l'art de l'illustration accentua l'allure solennelle & guindée qu'il avait adoptée dès le règne précédent. Dans cette période où le geste olympien était de rigueur pour l'acte le plus vulgaire, cette tendance pseudo-classique envahit l'illustration comme toutes les autres formes de l'art, & remplit les encadrements du livre de dieux en perruque, de déesses cuirassées, de Louis XIV en Apollon éclairant le monde de son soleil. Asservi à la vieille routine plantinienne, l'ornement ne s'éleva pas bien haut; mais déjà on le sentait vibrer en travail d'un art plus vivant & plus délicat.

Sébastien Leclerc, presque seul encore, il est vrai, à la fin du XVIIe siècle, se remit à la vignette dans le genre de Callot. Dessinateur ingénieux & plein de grâce, il orna de fleurons & d'en-têtes pleins de charme, un grand nombre d'œuvres contemporaines, dont *La promenade de Saint-Germain,* de Le Laboureur, est, à ce titre, l'une des plus recherchées. Travailleur infatigable, il produisit, de 1650 à 1714, près de quatre mille pièces. Sans rompre brusquement avec le courant dominant de son époque, il s'appliqua à donner une note bien personnelle qui éclata dans l'*Histoire de Turenne,* dans le *Racine,* de Barbin, dans les *Métamorphoses,* d'Ovide, & fut, dans le développement de l'illustration, le trait d'union rattachant le début du XVIIe siècle à celui du XVIIIe. Encore contemporain, à l'entrée de sa carrière, des derniers artistes de la période plantinienne, il vit, à la veille de sa mort, s'élever Gillot qui annonçait les vignettes du temps de Louis XV. La lourdeur fit place graduellement à une finesse, une gracilité qui présageait la coquetterie d'un Choffard, sans tomber dans les exagérations à la mode.

Le début du xviiiᵉ siècle provoqua un retour à la nature dans la littérature & dans l'art; le livre vit reparaître la grâce, la gaieté même, évanouies depuis trop longtemps. Dans les petits formats, qui se multipliaient journellement, en même temps que l'impression gagnait en élégance, les vignettes devenaient plus attrayantes & plus spirituelles; il n'y avait pas jusqu'au costume, devenu plus court & moins engoncé, qui n'offrît aux dessinateurs un nouvel élément de composition laissant à l'œil une impression de légèreté & de soulagement. Claude Gillot composa en 1719 une suite de vignettes pour les *Fables* de La Motte, qui fit époque en librairie. Ce joli petit recueil, d'une élégance un peu précieuse, marque, semble-t-il, le point de départ de l'école du xviiiᵉ siècle, dont la grâce, fausse & toute de convention, idéalisait les incidents les plus vulgaires de la vie quotidienne. C'est ainsi que les bergers, d'assez lourds campagnards dans les bois de Simon Vostre, devenaient de pimpants éphèbes faisant la cour à des bergères enrubannées. C'est à Watteau, qui avait été l'élève de Gillot, puis à Boucher qu'est dû ce mouvement de

rupture avec le XVIIᵉ siècle; leur exemple entraîna les graveurs qui se laissèrent aller plus
d'une fois, sur le chemin de la réaction, à
dépasser la mesure.

C'est le graveur Laurent Cars qui exécuta,
pour le Molière de 1734, les compositions de
Boucher si réputées par leur grâce & leur
aisance. Sa reproduction des tableaux de Le-
moyne, pourtant, n'était pas entièrement dégagée de l'ancienne tradition; dans les premières
années du siècle, il se montra même comme
partagé entre deux courants contraires. A cette
date où Molière paraissait en six volumes in-
quarto, les dimensions, peut-être exagérées, de
l'ouvrage laissaient, il est vrai, plus d'espace
à l'illustration; plus tard, la prédominance
des formats in-octavo & in-douze obligea de
resserrer texte & figures; l'ensemble en était
moins clair au regard, mais mieux propor-
tionné que l'in-quarto avec la mièvrerie des
bergerades qui commençaient à poindre.

Les dessinateurs & les graveurs, confondus
avec les imprimeurs & les éditeurs au temps
de la gravure sur bois, s'en distinguaient net-
tement au XVIIIᵉ siècle. Médiocrement consi-

dérés, souvent à cause de leur vie déréglée, par les grands libraires qui, tout en appréciant fort leur talent & leurs services, les payaient mal, ces artistes du livre n'en faisaient pas moins des progrès incessants dans la juxtaposition du texte imprimé & de la gravure en taille-douce. L'un des coryphées de cette brillante phalange fut Cochin le jeune qui, avec Saint-Aubin, apporta dans son art une singulière activité. De bonne heure il dessina des fleurons, des frontispices, des lettres ornées, surtout pour le libraire Jombert, à qui il donna ses plus jolis frontispices pour le *Calcul différentiel*, l'*Astronomie physique* & *La Méthode de deßin*, d'après Boucher.

Il fut l'un des premiers à donner des titres gravés, qu'adoptèrent aussitôt l'éditeur Prault, &, à son exemple, tous ses successeurs jusqu'à la fin du siècle. La disposition dans les livres à vignettes n'en subit guère de changement au cours de cette période : une bordure ornée avec des guirlandes de roses, des attributs & des amours, au milieu le titre en lettres évidées ; souvent un cartouche avec l'adresse du libraire. Les petits génies ailés n'y manquaient guère, non plus que les dieux ou les déesses, figurant les rois & princes ou les princesses & maîtresses royales.

Gravelot, au crayon spirituel et hardi [1], savait, mieux que personne, décorer de personnages, de lettres, de fleurons les ouvrages nouveaux. Après son voyage à Londres, où il venait de publier (1757) la curieuse suite de planches de son *Décaméron*, de retour en France, il composa son *Théâtre de Corneille*.

A côté de lui Eisen représenta essentiellement la simplicité, le bon goût, l'entente parfaite de la décoration artistique jointe à la typographie. Ses compositions montrent une préciosité coquette qui ravit le regard ; dans les encadrements de la première page prédomine encore le genre *rocaille*. Pour les autres décorations du livre il se montre singulièrement ingénieux à enchevêtrer les génies, les fleurs, les blasons, & prête aux publications sorties de sa main une élégance qui n'avait pas été atteinte avant lui. C'est à ses délicieuses fantaisies que les

[1] Il ne gravait guère, se bornant au dessin où il excellait.

Baisers, de Dorat, notamment, doivent leur per-
sistante notoriété jusqu'à nos jours.

Choffard, qui était tout à la fois dessinateur
& aquafortiste, vit le fleuron s'épanouir sous
son burin en un véritable chef-d'œuvre, & le
cul-de-lampe réunir, dans une exquise juxtaposition d'ornements joyeux, à des rinceaux
délicats des roses, des pipeaux, des lyres, des
banderoles emportés par des génies ailés.

Quand les fermiers généraux se cotisèrent
en vue d'une édition des *Contes* de La Fontaine,
ce sont ces deux artistes qu'ils choisirent pour
l'exécuter. Eisen fut chargé des figures hors
texte ; à Choffard échut la décoration générale.
Avec un portrait de l'auteur par Ficquet, un
spécialiste en ce genre, & une introduction de
Diderot, l'ouvrage fut mis en vente chez Bar-
bou. Format, clarté de l'impression, harmonie
réciproque dans la dimension des figures,
jamais encore l'art du typographe, joint à celui
du dessinateur & du graveur, n'avait mieux
fait. Nous ne parlons pas du texte, fautif &
incomplet.

Aux noms qui précèdent, il nous reste à
ajouter ceux de Moreau le jeune & de Saint-

Aubin : Moreau, qui apporta un talent tout personnel dans ses titres & dans ses fleurons, multiplia dans ses compositions les guirlandes de roses qui retombaient avec une grâce parfaite; il en encadra ses frontispices, y recourut pour atténuer l'arrêt brusque des fins de page, sans jamais se montrer banal dans le choix des motifs qui tendaient toujours à rappeler le texte; Saint-Aubin, qui, appuyé par Gravelot, devint en peu de temps le plus habile graveur de son temps.

L'année 1773 marqua le point culminant de la décoration du livre au XVIIIe siècle : elle vit paraître l'édition de *Molière* par Bret, & le *Recueil des chansons* de Laborde. Cette dernière œuvre, pour ne parler que d'elle, exquise, d'une grâce un peu musquée & cependant toujours simple, poussa à sa limite extrême la note sentimentale si fort en honneur au temps de Marie-Antoinette.

La Révolution, qui avait bien d'autres préoccupations, amena la décadence du livre comme de tous les arts. Quant à Moreau, qui sacrifia au faux goût de cette période, inspiré par une prétendue imitation de l'antique, comme il avait glorifié les élégances de la monarchie, mais sans y retrouver la grâce & le succès passés, il finit dans une misère noire à la fin de l'Empire.

L'*ex-libris* n'est à première vue qu'une forme subsidiaire de la décoration du livre, la plus ancienne sous laquelle les collectionneurs ont marqué leur droit de propriété sur leur bien. Sous cette surface, cependant, un esprit réfléchi découvre encore quelque chose de plus. Le style, a-t-on dit, c'est l'homme, & l'*ex-libris*, mieux encore que le style, peint le possesseur de livres, pédantesque, solennel, sot, vaniteux, parcimonieux, gai ou triste, jeune ou vieux, austère ou frivole. Réparties méthodiquement par époques, ces petites marques reproduisent fidèlement la physionomie du temps auquel elles remontent &, tout en gardant certains traits communs, elles diffèrent entre elles comme les hommes mêmes qui les ont choisies.

La mode, au reste, avec toute sa frivolité, a prédominé ici comme dans tout le reste : un peu teinté d'affectation & de préciosité sous Louis XIII, majestueux sous le règne suivant, le caractère en est devenu coquet & pimpant au xviiie siècle. Il était de règle, jadis, de graver des armoiries sur ces petites pièces : quelqu'un n'en avait-il pas? il n'éprouvait aucun embarras à s'en décerner de sa propre autorité. Enfin, & c'est un point à ne pas perdre de vue, les gentilshommes qui recherchaient de belles reliures ne se souciaient pas des *ex-libris* : leur marque de possession s'étalait en or ou en couleurs sur le plat des livres, leur monogramme sur le dos.

Cette forme de décoration, & ce sera la conclusion à en tirer, est donc dépourvue de portée historique : elle met en lumière l'engouement, toujours croissant depuis le xvie siècle, de notre société pour les prétentions nobiliaires & les usurpations d'armoiries. Nombre de bourgeois, sous prétexte de marquer leur propriété littéraire, se sont livrés à des calembours & des jeux de mots sous forme d'armes parlantes. Les armes parlantes? c'est dans les *ex-libris* qu'elles ont fait invasion sans opposition, jusqu'au jour où d'Hozier leur donna la consécration de son Armorial.

Au moyen âge où les bibliothèques se

formaient lentement de volumes écrits &
enluminés à la main, ces derniers revêtaient
en quelque sorte une personnalité comme un
être vivant. Le propriétaire en était connu,
comme l'est aujourd'hui celui de la Joconde ou
de la Vénus de Milo. Point d'autre marque de
possession, alors, que celle, le plus souvent en
latin, qui s'inscrivait sans prétention sur la garde
du livre, & pouvait être grattée sans peine. Au
xve siècle, les grands seigneurs multiplièrent
leurs devises, initiales ou emblèmes dans des
lettres qui ne se laissaient pas effacer & procla-
maient partout le maître. Les somptueux manuscrits du duc de Berry, les *Heures* d'Étienne
Chevalier, peintes par Fouquet, le *Josèphe* enluminé par le même pour un comte d'Arma-
gnac, & passé plus tard entre les mains d'un
duc de Bourbon qui substitua ses propres armes
aux précédentes, rentrent bien dans ce cadre :
leurs motifs de décoration étaient de véritables
marques de possession, & plus d'un volume
a porté plusieurs blasons successifs à la suite
d'héritages ou de ventes.

L'imprimerie transforma l'industrie du livre.
Les volumes, aujourd'hui dressés sur des rayons

où ils ne présentent que le dos, étaient alors, on le sait, couchés sur des pupitres allongés où ils présentaient le recto de la reliure. Les Français se mirent à imiter les Italiens dans la décoration de ce plat, & y acquirent une réelle maîtrise. La marque de possession passa du dedans au dehors sous la forme des armes personnelles, des devises, des monogrammes qui ne tardèrent pas à prendre la place des rinceaux, des fleurs, parure banale des anciennes reliures. Ce fut le point de départ d'un art nouveau auquel s'adonna notamment Geoffroy Tory, qu'encouragèrent des amateurs comme Grolier & François Ier. Mêlant à des entrelacs le nom du possesseur, les lettres du titre, les emblèmes ou devises, ils en firent une décoration charmante. Grolier, dans un mouvement de générosité qui était encore une coquetterie d'humaniste, associa à son nom tous ses amis dans sa déclaration de propriété : *J. Grolerii & amicorum;* mais il restait convenu que ceux-ci ne pouvaient lire les volumes que sur place & après un bon repas [1].

[1] Voir là-dessus Geoffroy Tory, *Le Champfleury* (1529).

En Allemagne, où l'art de la reliure ne produisit que des œuvres peu attrayantes & dépourvues de toute originalité, on eut hâte
d'adopter une marque de possesseur qui tînt lieu
des signes extérieurs : ainsi s'explique le fait que,
dès 1511, nous connaissons un *ex-libris* dûment
daté & identifié, qui est attribué à Albert Dürer.
En France, au contraire, la décoration artistique
des plats contribua à retarder longtemps l'apparition de notre *ex-libris,* ce petit carré de papier imprimé ou gravé qui se colle sur le plat
intérieur d'une reliure. Nos bibliophiles du
XVIe siècle, tout en commençant à dresser les
livres sur les rayons, continuaient à en décorer
la reliure ; ils se bornaient à y ajouter la dorure
des tranches & l'ornementation des entrenervures où leurs monogrammes étaient encore
une déclaration de propriété. Au milieu du
XVIIe siècle, l'*ex-libris,* passant d'Allemagne en
France, se heurta au dédain des grands seigneurs
& même des gens de lettres, obstinément attachés à l'usage traditionnel : Colbert, Beauvilliers &, au siècle suivant, le bibliothécaire du
roi, Jérôme Bignon, n'en eurent pas.

On ne peut, semble-t-il, en expliquer la

première apparition que par les marques de libraires, si répandues alors dans notre pays comme en Allemagne. L'analogie singulière entre les dessins de Dürer & les signatures de Pigouchet & de ses confrères confirme l'idée d'une telle filiation. La composition du sujet illustré de figures & de blasons, l'exiguïté de ses dimensions sont identiques. Mais, tandis que l'Allemagne possédait déjà plus d'une trentaine de pièces dessinées & gravées par ses meilleurs maîtres, la France se montrait rétive, & il faut descendre jusqu'à la mort de Charles IX pour rencontrer le premier *ex-libris* authentique & rigoureusement daté : ce n'était encore qu'une simple étiquette imprimée, sans aucune illustration, avec la marque de Charles d'Alboise, d'Autun (1574). Ajoutons ici que cette provenance donne quelque fondement à l'opinion, exprimée parfois, que la mode allemande pénétra chez nous par les provinces de l'Est.

Un autre usage, remontant à Henri IV, dut y contribuer pour sa part : celui des éloges funèbres exécutés pour la mort de grands personnages, ou des thèses que les étudiants présentaient à l'Université pour l'obtention de leurs grades. Maints artistes, Léonard Gaultier, Jean Picart prirent à tâche de graver en tête des thèses de larges figures blasonnées en l'honneur d'un personnage dont le candidat recherchait la faveur : le centre de la planche portait un écu en accolade, timbré d'un heaume ciselé ; à droite & à gauche, des hommes ou des animaux servaient de supports.

Des essais progressifs se sont ainsi succédé, selon toute apparence ; un *Ptolémée* de la Bibliothèque nationale porte au plat intérieur l'*ex-libris* d'un vicomte de Blosseville († 1622) qui peut-être fit corps à l'origine avec le texte d'un ouvrage. Quoi qu'il en soit, il est le deuxième en date que possède la France.

Jusqu'à l'année 1638 les blasons gravés ne portèrent pas la désignation des émaux par la taille ou le pointillé : il y a là un élément de critique utile pour fixer la date relative d'une pièce. Quant au terme même d'*ex-libris,* il ne se trouve dans aucune légende avant 1650 : les uns disaient *ex bibliotheca,* les autres ne disaient rien ou se bornaient à une devise latine. Dans la seconde moitié du XVIIᵉ siècle, le heaume du timbre y était de règle ; parfois seulement quelque variété se glissa dans le sol sur lequel reposait l'écusson, disposé en dallage qui répétait les pièces d'armoiries. Puis la mode s'en généralisa, & les amateurs devinrent légion, apportant les créations les plus fantaisistes. Sébastien Leclerc préluda aux charmantes productions de la Régence par un certain nombre d'*ex-libris* où le type ancien subissait d'infinies variations. Le cartouche enfermant le blason était accoté de supports qui reposaient euxmêmes sur les motifs d'ornementation les plus délicats, fleurettes & perles. Les écrivains du grand siècle, c'est un fait à relever, n'ont pas adopté cet usage qui leur parut sans doute dérogatoire à leur dignité : La Bruyère, La Fontaine, Racine, Fénelon, Bossuet n'ont jamais eu d'*ex-libris*.

En dépit de ce dédain, les Français, qui avaient longtemps hésité à en accueillir l'usage, y devinrent très supérieurs à tous les étrangers & le restèrent au xviiie siècle.

Après Louis XIV, les *ex-libris* se propagèrent singulièrement : la passion grandissante des titres, des marques extérieures de distinction que poursuivaient les nouveaux parvenus de la bour-

geoisie, suffit à l'expliquer. Enrichis par les spé-
culations de Law, pourvus d'une charge qui em-
portait la noblesse, ils s'affublaient de devises,
d'emblèmes plus ou moins héraldiques auxquels
le livre offrait l'occasion la plus favorable de se
produire & de se propager : qu'était-ce surtout,
lorsque des artistes comme Boucher, Eisen, Cochin ou Moreau y apportaient leur concours!

A ce moment, les marques de livres ont
déposé la sécheresse & la banalité passées : les
animaux n'ont plus leur raideur hiératique, se
tiennent couchés ou jouant; la figure humaine
y paraît, mais toujours le goût en est pur & le
dessin gracieux, avec une invention très variée.
Si le blason y domine toujours, il s'est mis au
diapason de la mode nouvelle avec les guirlandes & les rocailles. Un engouement général
entraîne tout le monde vers ces mièvreries,
laissant, à travers la singulière diversité de ces
petites pièces, deviner le caractère de chaque
possesseur, du naïf, du sérieux, du railleur, du
vaniteux; si bien qu'au milieu de la foule
d'étrangers qui leur empruntaient leurs marques, les Français purent se flatter de les sur-
passer tous par la qualité comme par le nombre.

Il nous reste à dire un mot de la parure extérieure du livre, de la reliure. Jusqu'à la découverte de l'imprimerie, l'art en était encore dans l'enfance : le *lieur*[1] se bornait à coudre solidement ensemble les feuilles d'un manuscrit que l'on protégeait par deux ais de bois, garnis de clous à tête ronde pour éviter les frottements, & de lacs de cuir en guise de fermoirs pour maintenir les feuilles de parchemin qui se fussent gâtées & recroquevillées sous un maniement continuel. Fallait-il quelque chose de plus luxueux, l'art du joaillier ou de l'écrinier intervenait, revêtant les ais de bois d'ivoire, de plaques d'or ou d'argent, ou encore de velours, de drap d'or, suivant les cas, & no-

[1] On allait jusqu'à lui imposer l'ignorance obligatoire comme une condition de sa profession. «Par l'ancienne police il y a tousjours eu en la Chambre (des Comptes) un relieur des livres & comptes... En l'an mil quatre cens nonante deux on y apporta une particularité plus précise : parce qu'en la reception de Guillaume Oger en cest estat, on le fit jurer qu'il ne sçavoit escrire ny lire, afin qu'il ne descouvrist les secrets des Comptes.» (PASQUIER, *Recherches de la France,* Paris, 1665, in-fol., p. 72.) Plus tard & lorsqu'on toléra quelque instruction chez ces artisans, l'Université en admit deux parmi ses suppôts avec le titre de *relieurs-jurés.*

tamment pour les manuscrits les plus précieux des rois ou des seigneurs. Des coins de métal historié, des fermoirs d'argent ou de cuivre aux armes du possesseur, remplacèrent les lanières des moines. Lorsque parut enfin le cuir, la seule matière dont les lieurs pouvaient disposer sans dépendre des orfèvres ou des merciers, on se mit à *l'empreindre,* à y imprimer au fer des ornements rudimentaires, des fleurs de lis. Les maroquins, qui triompheront plus tard, ne sont encore, au temps de Charles V & du duc de Berry, qu'une exception dont les princes font peu de cas. La propagation de la typographie changea tout cela : on négligea les riches reliures &, comme il n'était pas question encore de livres brochés, les libraires, qui joignaient assez volontiers à leur profession celle de relieur, ne songèrent plus qu'à relier pour leur propre compte les livres qu'ils destinaient à la vente. Les premières productions de Gutenberg & de ses associés parurent ainsi protégés par deux planchettes revêtues de peau de truie ou de vache, tout comme les manuscrits qu'ils prétendaient imiter. Aux quatre coins des plats, de larges clous de cuivre empêchaient la reliure de frotter sur les tables ou les pupitres de bibliothèques.

De la technique de la reliure nous n'avons rien à dire : les détails en sont restés à peu près ce qu'ils étaient au début. Les cahiers d'un livre, pliés, collationnés & rapprochés, étaient cousus entre eux d'abord, puis sur des nerfs qui, à l'origine, se reliaient aux ais de bois; ces derniers, au reste, furent graduellement abandonnés au xvi⁰ siècle, sauf pour les livres religieux, & remplacés par des lames de carton. La peau dont ils étaient recouverts recevait en creux ou en relief des motifs plus ou moins gracieux de décoration. La reliure n'offre guère trace d'art avant la fin du xv⁰ siècle; dès le début du siècle suivant on exécuta quelques travaux en ce genre pour Louis XII ou la reine Anne; réduits aujourd'hui à un fort petit nombre, ils sont lourds & forment un ensemble peu attrayant.

C'est au cours des expéditions dans le Milanais & à l'école de l'Italie que la France apprit les secrets de la composition & de l'arrangement; & c'est Grolier, attaché comme trésorier des guerres à l'expédition française, fort lié d'autre part avec les Aldes de Venise, qui importa chez nous le goût des reliures précieuses; celles qu'il choisit ou fit exécuter, parfois ornées d'arabesques, comme à Venise, sont restées les types les plus parfaits dans ce genre de décoration, & qui n'ont pas été dépassés depuis.

L'art italien s'épanouissait alors dans la décoration des livres. A l'intérieur, il s'adonnait avec succès à la gravure sur bois; à l'extérieur, il couvrait la reliure de rinceaux, de fleurons d'or, de compartiments polychromes à l'aide de vernis colorés : ainsi s'obtenaient ces variations de teintes toujours si recherchées au delà des monts, mais disparues à l'intérieur même du volume avec les manuscrits à miniatures. Cet art n'était pas le seul fait de quelques amateurs : les plus grands seigneurs, depuis le début du xvie siècle, l'encourageaient de tout leur pouvoir. Jean Grolier, en entreprenant sa collection de livres précieux, avait adopté comme marque personnelle des armes parlantes : un groseillier, ressemblant tant bien que mal à son nom, avec la devise latine : *nec herba nec arbor*, symbole de son opposition à tous les extrêmes. Ses reliures portaient sur le recto l'*ex-libris : Jo. Grolerii & amicorum* en capitales dorées; au verso, une devise ou invocation pieuse, bien justifiée peut-être par les risques qu'avait courus plus d'un de ses prédécesseurs : *Portio mea, Domine, sit in terra viventium!* Le titre se trouvait au-dessus du nom.

Ce modèle des amateurs dessina en personne, paraît-il, certains ornements dont la perfection révèle une sollicitude particulière. De retour à Paris, il entra en rapports suivis avec G. Tory. A la fois peintre, graveur, imprimeur & relieur, celui-ci était bien qualifié pour comprendre & partager ces goûts. Dans la préface de son Champfleury, il nous met au courant de leurs travaux communs à la recherche & la combinaison d'entrelacs & de rinceaux. Ce Grolier, «amateur de bonnes lettres & de tous personnages sçavans, desquels aussi est tres aimé & estimé, tant delà que deçà les monts», c'est pour lui qu'il a taillé les lettres antiques, entrelacé si gracieusement ses compartiments, & imité en fleurons d'or les ornements de ses livres d'Heures.

Grolier gardant encore l'habitude de cou-

cher ses livres sur les pupitres de sa bibliothèque, c'est sur le plat qu'il inscrivait le titre;
le dos, qui échappait à la vue, ne recevait
aucun ornement. C'est à cette époque que la
multiplication des livres transforma l'économie
des bibliothèques : on les dressa pour gagner
de la place, par suite il fallut décorer le dos,
resté seul apparent[1].

Les reliures de Jean Grolier se ramènent à
quelques types bien caractérisés : d'abord celles
à compartiments dorés avec fleurons en or ou
azurés, c'est-à-dire en or, mais striés de lignes
horizontales comme l'azur des blasons gravés;
celles à compartiments dorés dans le style de
G. Tory; les reliures polychromes enfin, où les
tons alternent à l'aide d'une couleur ou d'un
vernis. Celles dans le goût exclusif de l'école
italienne, en mosaïque composée de petits
morceaux de cuir rapportés par incrustation ou
collage, sont peu nombreuses. Faisant venir
son maroquin du Levant par l'entremise des
Vénitiens, le fameux collectionneur connais-

[1] Observons en outre que la substitution du papier au
parchemin entraîna la disparition des fermoirs, désormais
moins nécessaires.

sait la qualité des peaux employées pour son service. A sa mort, en 1565, il était à la tête d'une collection unique de livres précieux; un siècle après, en 1675, elle fut dispersée & plus d'une de ses épaves a passé dans la Bibliothèque nationale ou les grandes collections privées.

Issue de la reliure italienne, celle des Français n'en garda pas moins une note strictement individuelle. Les rois, qui n'étaient jamais à court de ressources pour satisfaire. leur goût de luxe, suivirent le courant. Si Louis XII se tint sur la réserve, le roi François, avec son vif sentiment de l'art, ne marchanda pas son intérêt à cette nouvelle manifestation du beau. La salamandre, déjà installée partout, se glissa encore sur les plats de ses volumes, surmontée du blason royal avec le collier de Saint-Michel entre deux F couronnés. Cette ornementation ne se réalisait pas d'un seul coup de plaque gravée, procédé mécanique qui n'était de mise que pour les travaux ordinaires. Dans les reliures de luxe, l'artiste traçait chaque filet au fer chaud sur l'or, de manière à le faire, pour ainsi dire, entrer dans le maroquin ou la peau.

La période d'intense activité dans laquelle était entrée la reliure, c'est le moment de le rappeler, fut fatale à une foule de documents historiques ou littéraires du passé & même contemporains. D'innombrables manuscrits en parchemin, des incunables du temps furent dépecés pour constituer le carton nécessaire aux plats ou recouvrir ceux-ci. Cette pratique nous permet aujourd'hui de retrouver dans ces cartonnages tant de pièces inconnues & du plus haut intérêt : jeux de cartes, incunables, écrits sur parchemin.

Ce mouvement fut favorisé par la reine Catherine, qui avait apporté de Florence le goût des décorations italiennes d'or & de couleur, & par Diane de Poitiers qui rivalisait avec la reine de luxe & de prodigalité. Sur ses livres comme dans ses châteaux, partout le roi avait adopté la marque des deux H enlacés que traversait un H; les plats portaient aux quatre angles les trois croissants emblématiques. De son côté la reine avait une marque analogue aux deux D : un double C, parfois aussi un semis de K.

Charles IX, cela va sans dire, avait son emblème : un double C couronné, avec la devise : *Pietate & juſtitia!* Henri III, dont on connaît la prédilection pour les miniatures coloriées qu'il découpait dans les manuscrits, pour tout ce qui frappe l'œil, ne négligea pas la décoration extérieure du livre. Adonné à un goût macabre pour les funérailles, les cimetières, les têtes de morts, il parsema ses reliures de squelettes & de larmes de pénitents. Le fameux Nic. Eve, l'un des principaux parmi les relieurs au service du roi, traça au fer chaud ses motifs composés de rinceaux de feuillages & de compartiments dorés, travail d'une délicatesse un peu mièvre, connu aujourd'hui sous le nom de *reliure à la fanfare*[1]. Après Henri IV, qui laissa la fleur de lis dominer sur le maroquin ou le vélin de ses livres, sans du reste rien créer de notable, Louis XIII inaugura un procédé nouveau; un successeur d'Eve, Le Gascon, imagina sur les « fanfares » de son devancier des variations nouvelles : débarrassant les rin-

----

[1] Ainsi appelée d'un ouvrage du XVIIᵉ siècle, *Les Fanfares & courvées,* etc., relié naguère par Thouvenin dans le même style, & dont l'ornementation a caractérisé le genre.

ceaux de leurs feuillages, il les entrelaça entre eux, les entoura d'un pointillé, & en fit un ensemble d'un goût parfait. La dentelle, proscrite à ce moment des vêtements, se retrouva en image sur la reliure des volumes.

Ce Le Gascon, certainement un rare artiste, travailla d'abord pour Gaston d'Orléans, puis pour Mazarin dont la Bibliothèque Mazarine garde d'inimitables reliures.

Il traça pour le cardinal-ministre des compartiments dorés & des arabesques aux interminables contours. Le milieu du plat est occupé par les armes du prélat avec sa devise : *Arma Julii ornant Franciam.*

Le temps de Louis XIV accrut le goût pour les dorures; on multiplia les soleils royaux, les armes, les guirlandes. Cramoisi, qui dirigeait le service de la reliure pour la Bibliothèque du Roi, fit sans cesse venir d'Orient des approvisionnements de maroquin, peaux admirablement préparées, & qui, après plus de deux siècles, semblent n'avoir rien perdu de leur première solidité.

Jusqu'à cette date les professions de relieur & de libraire étaient encore réunies dans les

mêmes mains; c'est à la fin du xviie siècle que
les relieurs-doreurs furent disjoints des libraires
& formèrent une corporation distincte.

Au xviiie siècle, ce qui caractérise la reliure,
c'est l'affaiblissement graduel de l'originalité
& de l'inspiration artistique : le plus souvent,
elle se borne à reproduire, en les accommodant
aux décorations à la mode du temps, les modèles légués par les artistes des âges précé-
dents.

A ce moment, la mosaïque employée consistait en une application, sur le plat, de cuir
aminci de couleur différente de celle du fond;
ce modèle, que suivirent les artistes de la Régence, est aujourd'hui indistinctement connu
sous le nom de Padeloup, l'un d'eux. On ne
doit pas y chercher une grande originalité :
le plus souvent ce n'est qu'une reproduction
des motifs de Le Gascon & d'autres, accom-
modée au goût du temps. La tendance allait
aux fleurons occupant les trois quarts de la
page, aux compartiments trop larges, aux gre-
nades ouvertes; style bâtard & sans caractère,
tel que celui de ces mosaïques faites de pièces
& de morceaux.

Mais, au milieu même de tant d'œuvres banales, nous avons la bonne fortune, parfois, de rencontrer quelque pièce dont la décoration charme les yeux : citons une reliure aux armes du Régent & de sa femme, Mlle de Blois, pleine d'élégance & de goût, qui fut envoyée par le libraire Morgan à l'exposition des Arts décoratifs en 1883.

Derome, qui vint un peu plus tard, abandonna les mosaïques pour les dentelles à combinaisons dont la coquetterie convenait à merveille aux ouvrages légers du xviiie siècle. C'était, au reste, un praticien trop sujet à caution dans la manipulation des ouvrages les plus précieux, dont il rognait sans ménagement les marges par amour des tranches bien régulières.

Dubuisson, enfin, ajoutait au mérite du relieur celui du dessinateur, inventant des ornements de blason, des modèles de fers à dorer que la foule de ses petits concurrents copiait sans scrupule. En relations suivies avec Eisen, il subit sans nul doute l'influence du charmant vignettiste. Il ne suffit pas, malheureusement, à rendre à son art la vie & l'originalité

qui lui échappaient chaque jour. Les grands ·
relieurs du passé avaient disparu sans retour, &
la Révolution, en détériorant sur beaucoup
de belles œuvres « les souvenirs abhorrés de
la tyrannie », n'était guère d'humeur à leur
susciter des successeurs.

TABLE DES MATIÈRES.